小学3年
教室内外の様子

節目のときのカウントダウン！
教室黒板前面（右上）に書き出し，一日一日を
大事にする気持ちを育みます。

掃除をアクティブに！
ぞうきんに文字を書くだけできれいに並べるしかけに！
並んでいると気持ちいいですね！

学びの足あとでアクティブな学びの環境設定！
休み時間になっても，自分たちの学びを継続しようとする姿が見られます。
授業中でも，必要となれば，自分たちで情報収集したり，整理・分析したり
することに活用しています。

掲示物の様子

学びの連続！　手掛かりは教室にあり！

既習内容を掲示しておくと，それを手掛かりに学び出す子が！　それを見た他の子どもが学びの手掛かりに！
一年後にどれだけ掲示されたか，子どもたちと見るのが楽しみです。

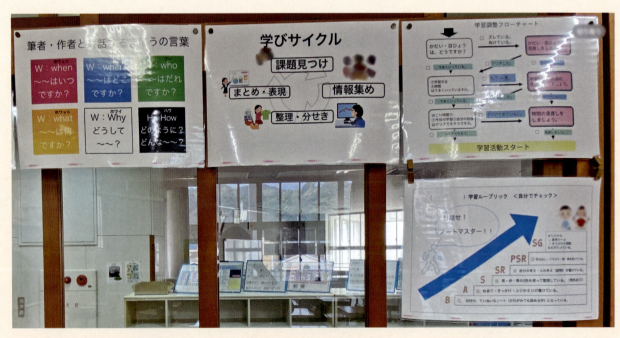

主体的に学ぶために！

ノートのルーブリックや学習の流れを掲示しておくと，子どもたちは「見通し」をもって学びに向かったり，
自分の学びの位置情報を確認したりできます。

黒板の様子

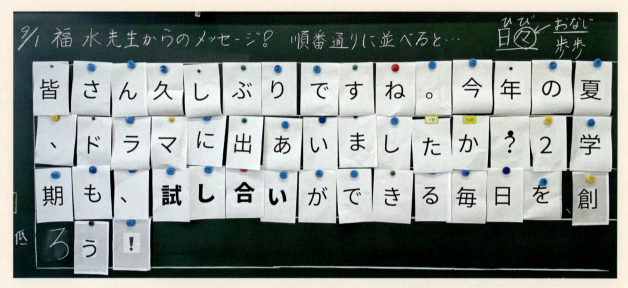

夏休み明け！　並び替えでメッセージづくり！

あらかじめ，子どもたちのランドセルロッカーや机のなかに一枚ずつ入れておき，
登校した子から推理しながら並び替えていくと……完成したメッセージで歓喜の声が！

学期の成長を可視化！

自分たちがチャレンジできたこと，成長したこと，努力したいことなどを1・2学期の終業式の日に書かせます。
一人三個以上書く，15分間で埋め尽くす，リレー形式など制限を加えると盛り上がること間違いなし！

教室アイテム＆グッズ

学びのシラバス
毎回書くことが面倒な掲示物はラミネートして活用すべし！

SUZUKI スクールタイマー４
鉄板商品！ 画面も大きく操作簡単！
磁力も強力で落ちづらい！

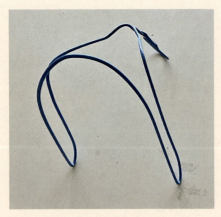

オリジナル本立て
使っていないハンガーで，すぐに本立てが完成します！

思いよ届け！！ 目安箱の設置！
教室内に設置してクラスのみんなへ伝えたいことなどを入れられるようにしておきます。自分事とするために実名で書かせます。開封は教師が行います。出てきたメッセージは，帰りの会で読み上げたり，学活での話し合いのテーマとします。

福水　雄規

ロケットスタート
シリーズ★

小学 3 年の

学級づくり
&
授業づくり
12か月の仕事術

日野英之 編

チーム・ロケットスタート 著

多賀一郎 協力

明治図書

シリーズ刊行に寄せて ～かゆいところに手が届く一冊～

　今，学校現場では，教員不足が全国的・慢性的になってきて，先生方に負担が重くのしかかっています。元々時間が足りなかったのに，休職者が出ても代わりの先生は見つからず，現場の先生方の仕事量がどんどん増えていくのです。

　小学校の先生方は，一日にいくつもの教科を担当して，日々実践していかねばなりません。どの教科も完璧に準備をして臨むなどということ自体，至難の業です。

　さらにここ数年，主体的・対話的で深い学び，個別最適な学びと協働的な学び，インクルーシブ教育，外国語・道徳の教科化など，新しい課題がどんどん増えてきています。タブレットも活用しなければなりません。これらの課題には，従来の教育，授業実践を踏襲することでは通用しないことが多く含まれています。

　例えば，文部科学省の調査で，学級担任等が回答した学習面または行動面で著しい困難を示す児童生徒の割合が8.8％にのぼるなど，もはや発達障害などの特別な支援を必要とする子供への手立ては当たり前のことになりました。では，その子たちと共に学級づくりをするには，何が必要なのでしょうか。

　全国学力テストが完全CBT（Computer Based Testing）化しようとなるなかで，現場ではタブレットを，いつ，どのように使っていけばよいのでしょうか。どの学年でタブレットをどの程度指導するべきなのかも考えていかねばなりません。

　考えだすとキリがないくらいに課題が山積なのです。

　このような状況下で，新しい学年を担任したとき，何をどうしたらいいのかと困惑する先生方も多いのではないでしょうか。

　その戸惑いに応えるべくつくられたのが本シリーズです。

　本シリーズは，学級開きから様々な教科の授業開きにはじまって，一年間を通した具体的な指導の在り方を示しています。

「困ったら，とりあえず，こうすればいい」

ということを中心に，各地の実践家に執筆していただきました。多岐に渡る課題にもていねいに対応できていると自負しています。

　多忙な日々を送るなかで，手元に置いておき，必要に応じて活用できるシリーズです。

　自信をもってお届けします。ぜひ，スタートにこの一冊を。

多賀 一郎

はじめに

　今から約20年前。教員になった年の４月。校長先生から言い渡された３年担任。

　自分が小学生だった頃の担任の先生に憧れ，教師の道を自ら選んで進んだわけですが，いざ「担任です」と言い渡され，いざ「担任なのだ」と自覚すると，抱いた感情は「幸せ」や「喜び」のような甘い感情ではなく，「不安」や「焦り」でした。何が待っている？何をすればよい？何ができる？頭に浮かんできた様々なクエスチョン。何かしなきゃいけない，何か知らなきゃいけない……駆け込み寺として本屋に出向き，手に取った本が明治図書さんの，まさに本書のような一年間の授業づくりを見通すことができる本でした。実践前に一読，実践後に一読，困ったときに一読，見通しをもちたいときに一読。私の指南書とは，あのとき手に取った本のことであり，表紙が破れるまで活用した本は人生において他にありません。

　あれから20年。本書『小学３年の学級づくり＆授業づくり』作製の話をいただいたときは，「あの本を自分が……」と大変光栄に思ったのと同時に，誰かにとっての一年にわたる指南書となるのだと思うと「責任」というずしりと重たいものが襲ってきたのもまた事実であります。

　誰かにとっての指南書となるにふさわしい，私が思う最高の実践家の皆様に執筆の依頼をさせていただきました。名だたる実践家の皆様が数か月にわたり試行錯誤し，仕上げてくださった原稿は，いずれも現代の小学校３年生の特徴を捉えたうえで，具体的でわかりやすく，かつ最新の教育に関する情報が詰まったものでした。

　「小学校３年生にかかわるすべての教職員に読んでいただきたい」渾身の一冊に仕上がったと自負しております。

　本書は，学級開きから日頃の授業づくりのポイントはもちろんのこと，教室の環境づくりや板書，保護者対応からみんなで盛り上がること間違いなしのアクティビティまで，小学校３年生にかかわる教育活動を完全に網羅した内容となっています。

　３年生にかかわるすべての教職員にと記しましたが，本書が多くの教育関係者の方々にとって，よりよい学級づくり＆授業づくりの一助となれば幸いです。

編者　日野　英之

本書活用のポイント

3年生を担任する一年はとっても楽しい！

　子どもたちとどんな一年を過ごすことができるのか，月ごとにどんなイベントや仕事があるのか，見通しをもち，わくわくできるように本書を構成しています。

学級づくり・授業づくりの基本をチェックしよう！

指導のポイント & 準備術
⇒ 12ページへGO

★ **学級づくりのポイント**
　今月の見通し

ゴールイメージをもって12か月を見通そう！

⇒ 68ページへGO

最初が肝心！
一週間をバッチリ乗りきろう！

学級開き
⇒ 34ページへGO

学級づくりは授業づくり！
子どもの心をつかもう！

授業開き
⇒ 46ページへGO

学年の要所を押さえ
授業研究にいかそう！

★ 授業づくりのポイント
学習内容例　身につけたい力＋指導スキル　⇒ 170ページへGO

国語
学習の要所と指導スキル

竹澤 健人

★ 学習内容例

月	学習内容例
4月	・様子を想像しながら「すいせんのラッパ」を音読しよう ・国語辞典を使って、言葉を調べてみよう
5月	・各段落の内容を捉えながら「自然のかくし絵」を読もう ・一番伝えたいことを明らかにし、自分について文章を書いたり、話したりしよう
6月	・「ワニのおじいさんのたから物」のあらすじをまとめてみよう ・心が動いたことを詩で表そう
7月	・伝えたいことを伝える工夫を「給食だより」を読みくらべよう」から考えよう ・ローマ字を読んだり書いたりしてみよう
9月	・大事なことが伝わるように、案内の手紙を書こう ・司会の進行に沿って、グループで話し合いをしよう
10月	・「サーカスのライオン」の中心人物について考えたことをまとめよう ・興味をもった「せっちゃくざいの今と昔」の内容を要約して、紹介しよう
11月	・身の回りの道具について、調べてわかったことをレポートにまとめよう ・自分の好きな時間について、話の中心をはっきりさせながら話そう
12月	・地の文と会話文をもとに、「モチモチの木」の登場人物の人物像を想像しよう ・手紙や点字、ピクトグラム等、いろいろな伝え方について調べたり、考えたりしよう
1月	・「カミツキガメは悪者か」を読んで、生き物についての考えを深めよう ・自分の考えと理由をはっきりさせて、文章を書こう
2月	・話の組み立てで話し方を工夫して、道具のうつりかわりを説明しよう ・「ゆうすげむらの小さな旅館」を読んで、物語のしかけのおもしろさを伝え合おう
3月	・これまで自分で書いてきた文章を読み、自分の文章のよさについて伝え合おう

※東京書籍の教科書を使用

★ 身につけたい力

❶ 一番伝えたいことや組み立てに気をつけて表現する力
「おにごっこがしたい」（一番伝えたいこと）
「だから、おにごっこのおもしろさと他の遊びとを比較してよいところを伝えよう」（組み立て）
　このように、自分が伝えたいことを伝えるために、話の中心や全体を考えて、文章を書いたり話したりできる力を育みましょう。

❷ 話・文章のねらいや工夫に気をつけて読んだり聞いたりする力
「Aさんはおにごっこがしたいと言ったなあ。理由も知りたいな」（話のねらい）
「『子犬みたいに体を丸めて…ふっとばして…』とわざわざ書いたのは……」（文章の工夫）
　このように、相手の話や読んでいる文章のねらいや工夫を考えながら、聞いたり読んだりできる力を育みましょう。

★ 話す準備は書くことから

　話す内容が書かれたノートやワークシートがあれば、話すこと（発表）ができる可能性がぐんと上がります。子どもは、それがあれば安心感をもって読んだり、覚えたことを話したりすることができるからです。一番伝えたいことや組み立てに気をつけて表現できるようにするために、まずは書き方を指導することをおすすめします。私の学級では「デス・カラ・ソース」型という書き方の指導からはじめます。

> 「デス・カラ・ソース」型
> 一文目　〇〇です。（意見）
> 二文目　なぜなら〜からです。（理由）
> 三文目　（そーっすねえ）例えば……（根拠）

　例えば、物語文「すいせんのラッパ」で、子どもたちが登場人物のなかで一番お気に入りのカエルについての意見を書くとき、次のような指示をします。
T：「〇〇が一番お気に入りです。」と書きましょう。
T：その次、「なぜなら〜からです。」と書きましょう。書けたらノートを持ってきます。
T：（ノートを持ってきた子に対して）最後に、何ページ何行目のことか書きましょう。
　「デス・カラ・ソース」型を何度も使う機会をつくります。この型は、国語科だけでなく、他教科や学級での活動で意見を書く場面においても活用することができます。

Contents

シリーズ刊行に寄せて　002
はじめに　003
本書活用のポイント　004

第1章

小学3年の学級づくり＆授業づくり
指導のポイント＆準備術

- 小学3年　ゴールイメージと一年間の見通し ⋯⋯⋯⋯⋯⋯⋯⋯⋯⋯⋯⋯⋯⋯⋯⋯⋯⋯⋯⋯ 012
- 教室環境＆レイアウト ⋯⋯⋯⋯⋯⋯⋯⋯⋯⋯⋯⋯⋯⋯⋯⋯⋯⋯⋯⋯⋯⋯⋯⋯⋯⋯⋯⋯⋯⋯⋯⋯⋯⋯ 016
- 学級のルールづくり ⋯⋯⋯⋯⋯⋯⋯⋯⋯⋯⋯⋯⋯⋯⋯⋯⋯⋯⋯⋯⋯⋯⋯⋯⋯⋯⋯⋯⋯⋯⋯⋯⋯⋯⋯ 018
- 授業のルールづくり ⋯⋯⋯⋯⋯⋯⋯⋯⋯⋯⋯⋯⋯⋯⋯⋯⋯⋯⋯⋯⋯⋯⋯⋯⋯⋯⋯⋯⋯⋯⋯⋯⋯⋯⋯ 020
- 苦手さのある子への配慮ポイント ⋯⋯⋯⋯⋯⋯⋯⋯⋯⋯⋯⋯⋯⋯⋯⋯⋯⋯⋯⋯⋯⋯⋯⋯⋯⋯⋯ 022
- 学級担任として必ず知っておきたいこと ⋯⋯⋯⋯⋯⋯⋯⋯⋯⋯⋯⋯⋯⋯⋯⋯⋯⋯⋯⋯⋯⋯ 024
- チェックリストでわかる！入学式・始業式までに必ずしておくべきこと ⋯⋯ 026

第2章

成功するロケットスタート！
小学3年の学級開き＆授業開き

学級開き

- 学級開きとは ⋯⋯⋯⋯⋯⋯⋯⋯⋯⋯⋯⋯⋯⋯⋯⋯⋯⋯⋯⋯⋯⋯⋯⋯⋯⋯⋯⋯⋯⋯⋯⋯⋯⋯⋯⋯⋯⋯⋯ 034
- 1日目 ⋯⋯⋯ 036
- 2日目 ⋯⋯⋯ 038
- 3日目 ⋯⋯⋯ 040
- 4日目 ⋯⋯⋯ 042
- 5日目 ⋯⋯⋯ 044

Rocket Start!!

授業開き

- 授業開きとは 046
- 国語 048
- 社会 050
- 算数 052
- 理科 054
- 音楽 056
- 図画工作 058
- 体育 060
- 特別の教科　道徳 062
- 外国語活動 064

第3章
小学3年の学級づくり&授業づくり
12か月の仕事術

学級づくりのポイント

4月
- 今月の見通し 子どもや保護者との出会いを大切にする 068
- 30分で三つの顔をもつドキドキわくわくの「始業式」 070
- 子どもとの出会い・かかわり方 072
- 係活動や当番活動 074
- レク みんなの名前を覚えよう「名前の大冒険」 076
- 中学年スタートの学級懇談会 078
- 安心・安全な教室環境 080

Contents

5月
- 今月の見通し 共に成長！共に支え合う！クラスづくり ……… 082
- 一人一人が見えて保護者の不安を拭い去る参観授業 084
- レク 外で体を動かそう「ボール de だるまさんがころんだ」 086
- 家庭訪問，これで大丈夫 ……… 088

6月
- 今月の見通し 日々の目標で「中だるみ」の6月を乗り切る ……… 090
- ていねいさと課題解決型で進める水泳学習 092
- 雨の日の過ごし方 ……… 094
- レク 気持ちを一つに「拍手ゲーム」 096
- 学級だよりの作成法 ……… 098

7・8月
- 今月の見通し 1学期締め，気持ちよく長期休暇を迎える ……… 100
- 保護者がわが子の情報をアップデートできる個人懇談に 102
- レク お楽しみ会で使えるアクティビティ「人間知恵の輪」 104
- 通知表をどうやってつけ，返すのか 106

9月
- 今月の見通し 希望のもてる2学期スタートを ……… 108
- 子どもたちが自信をもって取り組める運動会に 110
- 長期休み明けに心掛けたいこと 112
- レク 夏休みの思い出をみんなで共有「すごろくトーキング」 114
- 気になる子どもの見取りと対応（不登校対応） 116

10月
- 今月の見通し 一年の折り返し！前半をふり返って後半につなぐ 118
- グループ活動を取り入れ子どもの「素」の姿を捉える秋の遠足 120
- レク 語彙力を高めよう「ピラミッドしりとり」 122
- 保護者対応もこれで安心 ……… 124

Rocket Start!!

11月

- 今月の見通し 子どもたちの関係を今一度見直す ………………… 126
- 少しずつ子ども主導に移行する3年生ならではの芸術発表会 128
- 読書のすすめ ……………………………………………………… 130
- レク 外で元気に遊ぼう「スパイダーネット」 ……………… 132
- 子どもが輝く掲示（作品展など） ……………………………… 134

12月

- 今月の見通し これまでの成長を，子ども・保護者と共有する 136
- 体調管理のうえで心掛けたいこと ……………………………… 138
- レク 2学期のお楽しみ会に「ダウンナンバー」 …………… 140
- ただただ楽しかったで終わらないお楽しみ会 ………………… 142

1月

- 今月の見通し 見通しをもってラストスパート3か月を ……… 144
- 目的と具体性をもたせて防災「作業」ではなく防災「訓練」に 146
- レク 質問がゲームのポイント「ワードウルフ」 …………… 148
- 特別支援教育等，課題を抱える子どもたちと学級づくり …… 150

2月

- 今月の見通し 一年の集大成を意識して苦手・やり残しなく次学年に 152
- 一年の締めくくりに向けて ……………………………………… 154
- レク 苦手な子どもも楽しめる「やくわりドッジボール」 … 156
- 感謝を伝える学級懇談会へ ……………………………………… 158

3月

- 今月の見通し 次の学年につながる学級じまい ………………… 160
- 具体的なイメージをもたせて「送らされる会」ではなく「送る会」に 162
- 3年生の学級じまい ……………………………………………… 164
- レク みんなと握手で終わろう「こちょこちょ探偵」 ……… 166
- お話 4年生へ向かう子どもたちへ ………………………… 168

Contents

授業づくりのポイント

- 国語　学習の要所と指導スキル ································· 170
- 社会　学習の要所と指導スキル ································· 174
- 算数　学習の要所と指導スキル ································· 178
- 理科　学習の要所と指導スキル ································· 182
- 音楽　学習の要所と指導スキル ································· 186
- 図画工作　学習の要所と指導スキル ·························· 190
- 体育　学習の要所と指導スキル ································· 194
- 特別の教科　道徳　学習の要所と指導スキル ················ 198
- 外国語活動　学習の要所と指導スキル ······················ 202

執筆者紹介　206

第1章

小学3年の学級づくり＆授業づくり
指導のポイント＆準備術

小学3年
ゴールイメージと一年間の見通し

樋口万太郎

⭐ これまでの3年生の定番イメージ

1・2年生の子どもたちは,「(先生や友達に)自分のことを言いたい」「(先生や友達ではなく)自分がやってみたい」「(友達の作品ではなく)自分の作品を見てほしい」「(先生や友達の話ではなく)自分のことを聞いてほしい」「(友達のことではなく)自分のことを最初にしてほしい」といったように自分が主語の活動を行いたい年代です。

そのため,自分から近い範囲で活動を行っています。それがその子にとっての見えている世界なのです。そのため,言動が一見すると「わがまま」のように捉えられてしまいますが,そうではなくそういう年代なのです。3年生でもこのような姿を見かけることはあります。

決して,1・2年生と3年生の子どもたちの姿は別物ではなく,右図のように包括的な関係にあります。そして,成長度合いは人それぞれ違います。

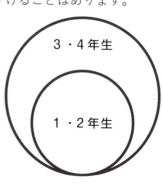

3年生の年代になると,できることも増え,交友関係も広がり,知っていることもどんどん増えていきます。そのため,1・2年生の自分から近い範囲から範囲がどんどん広がっていきます。範囲が広がるということは,これまで以上に相手や集団を意識するようになっていきます。そのため,

「〇〇さんと一緒に言いたい」
「みんなで一緒に取り組みたい」
「私はこのグループで何ができるのかな」
「〇〇さんたちに嫌われていたらどうしよう」

といったように,相手や集団をより意識するようになり,相手や手段を意識しながら,活動を行っていく年代になります。

だから,「こんなことをやってみたい」「こんなことは自分一人でできる」といったように,自分が主語の活動は引き続きあるものの,1・2年生の頃とは少し違い,相手や集団をより意識しながら,様々なことを自分でやってみたいと考えるようになります。

ただ，これまで以上に
- **集団をつくろうとする**
- **集団の一員としての自分の役割に悩む**
- **集団における友達との関係に悩む**

といった集団に関する悩みが出てくる年代でもあります。

　３年生から生活科は理科や社会科に変わります。外国語活動がはじまります。国語科ではローマ字を学習するため，いよいよタイピングのスキルを向上させていきます。算数科では小数や分数の学習がはじまり，学習面においてもステップアップする年代です。

⭐ 現在の子どもたちの傾向

　小学校３年生の子どもたちは，α世代と呼ばれている子どもたちです。α世代はＺ世代の次の世代の子どもたちです。

- SDGs などの社会問題に意識があります
- 生まれたときからスマートフォンやタブレットなどが存在しています
- Instagram や TikTok などの SNS の利用は当たり前です
- 学校でタブレット PC を使用することは当たり前です
- 幼少期に新型コロナウイルスの影響を受けており，マスクをつけていることが当たり前であったり，これまで以上に協働してきた経験が少ない可能性があったりします

　小学校３年生の子どもたちは，我々が当たり前に思っていたような常識が通用せず，新たな常識が定着しています。

　α世代の多くの親の世代は，スマホが登場し，mixi や Ameba などの SNS を体験している方が多く，デジタルに対して抵抗がないミレニアル世代（1980〜1995年頃に生まれた世代）です。そのため，子どもたちがデジタルを使うことにも抵抗があまりないような世代と言われています。

　学習の基盤となる情報活用能力として，

- キーボードによる文字の正しい入力方法
- 映像編集アプリケーションの操作
- インターネット上の情報の閲覧・検索
- 調査や資料などによる基本的な情報の収集の方法
- 情報の比較や分類の仕方
- 相手や目的を意識したプレゼンテーションの方法

などを育成していくことが求められています。

⭐ ゴールイメージ

　ここまでのことをふまえて，1・2年生では「自分中心」だったところから，

「相手や集団をより意識」

するようになります。だからこそ，設定したい3年生のゴールイメージは，

「一人一人が輝き，みんなが輝く学級」

です。このゴールイメージは抽象的です。そのため，目の前の子どもたちと修了式でお別れをするとき，どんな姿でいてほしいのかを具体的に考えたり，ゴールイメージを共有し，どのように輝きたいかを個人，そして集団で具体的に考えたりしておきます。

　ゴールイメージを達成するためには，

デジタルを使い，集団のなかで一人一人を育てていく

ことが求められます。

　2006年に経済産業省により「多様な人々と仕事をしていくうえで必要な基礎的な力」として定義された概念として，「社会人基礎力」が発表されました。この社会人基礎力として，「前に踏み出す力」「考え抜く力」「チームで働く力」の三つの能力を挙げています。このなかの「チームで働く力」では，

- 発信力（自分の意見をわかりやすく伝える力）
- 傾聴力（相手の意見をていねいに聴く力）
- 柔軟性（意見の違いや立場の違いを理解する力）
- 情況把握力（自分と周囲の人々や物事との関係性を理解する力）
- 規律性（社会のルールや人との約束を守る力）
- ストレスコントロール力（ストレスの発生源に対応する力）

といった能力要素を挙げていますが，これらの力は集団のなかで育てていくしかありません。

　集団のなかのため，トラブルはよく起きます。トラブルを恐れてはいけません。

　"トラブルは成長のもと"

と考え，取り組んでいく必要があります。

　デジタルで何かトラブルがあったときに，デジタルを使用することを禁止にするということは簡単です。禁止にするという発想ではなく，

デジタルと共に今後どう生きていくのかという視点

で，「自分の言動がどうだったのか」「これからどのようにしていかないといけないのか」といったことを話し合っていくことが求められます。最適解はありません。納得解が求められます。

　何より大事なことは，我々のこれまでに当たり前にしてきた指導が通用しないこともあり，子どもたちと新たに試行錯誤しながら取り組む必要があるということです。

⭐ 一年間の見通し

　基本的には，「〇月で完結！」「〇月で力をつけましょう」ということはほとんどなく，持続的に取り組んでいくことが求められます。私の経験則ですが，持続的に取り組んできたことの成果が発揮されるのは，2学期後半からです。2学期後半からはより輝きはじめることでしょう。それまでは泥臭く取り組んでいくことも求められます。

　スタートダッシュとなる1学期に重点的に取り組みたいことを以下の通りにまとめました。

〈4月〉
- 担任の先生のことを知ってもらいましょう
- 子ども同士の関係をつくりましょう
- 学級のルールをつくりましょう
- 授業のルールをつくりましょう

※子ども同士の関係をつくり続け，学級のルールや授業のルールを定着できるように持続的に取り組んでいく

〈5月〉
- 初めての授業参観・保護者会では，新学期がはじまってからの子どもの様子を伝えましょう。また，1か月の成果が見えるような授業を公開していきたいものです。

〈7月〉
- 保護者との面談で家庭の様子を聞いたり，学校の様子をしっかり伝えたりしましょう。

〈8・9月〉
- 夏休み明けには「クラスの仕切り直し！」と気合いを入れすぎないように。子どもの様子を把握するところからスタートです。

【参考・引用文献】
- 樋口万太郎著『はじめての3年生担任』東洋館出版社

【参考サイト】
- 学習の基盤となる資質・能力としての情報活用能力の育成
  https://www.mext.go.jp/content/20201002-mxt_jogai01-100003163_1.pdf（参照日2025.01.05）
- 社会人基礎力
  https://www.meti.go.jp/policy/kisoryoku/index.html（参照日2025.01.05）

教室環境＆

学級文庫
子どもが書いた本を学級文庫にします。普段あまり本を読まない子も，友達が書いた本には興味津々。

ロッカー
ランドセルの収納の仕方をていねいに確認して，物がロッカーの外に出ないようにします。

背面黒板への掲示
協働を可視化します。学級目標や折り紙制作など，子どもたちが協力して制作した物を教室に掲示すると，教室にあたたかな雰囲気が生まれます。

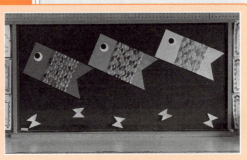

係活動の掲示
誰が，いつ，どんな取り組みをしているのかが一目でわかるように掲示しておきます。係活動が盛り上がると教室に活気が湧きます！

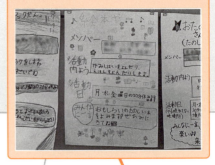

掃除用具
掃除用具は色と番号で整理します。箒の柄にカラーテープを巻き，番号を書きます。掃除場所ごとに色を分けると，掃除場所に箒を忘れてきたときにもすぐわかります。子どもたちが自分で整理できるように掃除箱にきれいに収納された状態の写真を貼っておくのもおすすめです。

レイアウト

樋口　綾香

机の横のフック

机の横には何もかけません。机の横に物をかけると，ぶつかって落ちたり，引っかかってケガをしたりする可能性があります。できればロッカーに収納して子どもたちの生活スペースをすっきりとできるようにしましょう。

レンタルコーナー

子どもたちが学習に必要なものを忘れたときに，自分で準備できるコーナーがあると，安心して自分で授業準備ができます。鉛筆，消しゴム，定規，ネームペン，下敷き，色鉛筆，クレヨン，コンパスなどが入っています。ノートのコピーや作文用紙などを印刷して置いておくのも便利です。

黒板

黒板はいつも美しく保ちます。黒板が白く汚れている状態では，書いた文字が見えにくく，学習に集中できません。チョークの粉が桟に溜まらないように，ミニ箒などを準備しておくと便利です。

壁面掲示

行事があるたびに，付箋で「成長を感じたこと」や「心に残ったこと」を書いて一枚の画用紙に貼っておくと，みんなのがんばりを可視化できます。

前面掲示

「反応する力」
子どもたちに今がんばってほしいことを端的に伝える掲示。できるようになれば剥がします。

第１章　小学３年の学級づくり＆授業づくり　指導のポイント＆準備術　017

学級のルールづくり

樋口万太郎

⭐ 子どもと合意形成する学級ルール

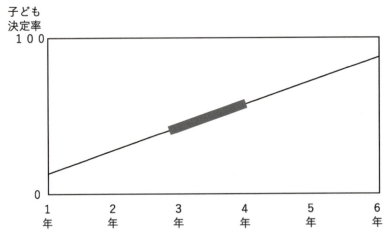

　1年生の子どもたちは子どもが決定することよりも教師が決定する機会の方が多いです。しかし，その決定率は学年が上がるにつれて，少しずつ増えていき，6年生では圧倒的に子どもたちが自己選択・決定をすることが多いという学級づくりが理想です。3年生から4年生の一年間は教師と子どもの決定していく率が半分になることを目指す時期になります。

　学級は誰のものでしょうか。担任の先生のものではありません。子どものものでもありません。その学級の子どもたちと担任の先生のものです。だから，目指す学級のルールづくりは

担任の先生と子どもで合意形成をしていく

ことが求められ，またそれができはじめる時期でもあります。つまり，学級のルールについて先生と一緒になって考えていこうよ！ということです。子どもの考えだけではたりていないところは，しっかり先生がルールについてサポートしていきます。

　3年生になると二年間の学校生活の経験があります。だから，様々なことに対して，それぞれの想いを抱いているはずです。だからこそ，

今の学級に必要なルールは何かということを子どもたちと考えていく

ことができるのです。

子どもたちと考えたルールは４月までやりきるということも大切ですが，子どもたちと過ごしていくなかで，見直すといった柔軟性をもっておくことも大切です。だから，ルールづくりは４月の学年当初だけでなく，
● 何か学級でルールの見直しや追加ということが必要になったとき
● ２学期，３学期の学期はじめ
のときにルールについてふり返り，見直していくことで，

学級のルールが他人事ではなく自分事

になっていきます。

⭐ 注意しておきたいこと

　今，教育界では個別最適な学び・協働的な学び，well-being，生徒指導提要などから
「子どもたちが選択・決定すること」「子どもたちに任せる」
といったことが大切と言われています。
　しかし，
「子どもたちが選択・決定すること」→子どもが選択・決定すればなんでもオッケー
「子どもたちに任せる」→子どもに任せることができたら，なんでもオッケー
というわけではありません。それでは，単なる放ったらかし状態です。そのような状態にしておくと，学級崩壊まっしぐらになります。
　「子どもたちが選択・決定すること」「子どもたちに任せる」ということはとても大切なことですが，子どもたちに何を，どこまで選択・決定させるのか，任せるのかということを教師側は考えておく必要があります。
　学級のルールが必要と聞くと，子どもたちの自由を奪うのではないか，ルールに縛りつけてしまうのではないかと思う方もいるかもしれません。そうではありません。
　ルールとは，

子どもたち一人一人が安心・安全に過ごすことができる

ために必要なものです。
　学校であらかじめ決まっているルールは，子どもが安心・安全に学級で過ごすために設定されていることが多いです。逆に言えば，子どもが安心・安全に学級で過ごすというような目的につながっていないようなことは，ルールとして設定する必要はありません。
　前述で，今の学級に必要なルールは何かということを子どもたちと考えていくと書きましたが，まったく０からつくっていくのではありません。学級運営の根幹を成すといったルールは，あらかじめ担任の先生が決めておきます。

授業のルールづくり

樋口万太郎

★ 授業のルール

授業のルールも，学級のルールと同じで

子どもたち一人一人が安心・安全に学習をしていくことができる

ために存在をしています。

まずは，学習の準備，ノートの使い方，タブレット端末の使い方，挨拶の仕方など

学校で統一しているルールがあるかを確認

しましょう。

授業のルールを徹底しようとするあまり，できていないときには何度もやり直しをさせたり，いつも厳しく叱ってしまったりしていては，子どもたち一人一人が安心・安全に学習をしていくような環境にはなりません。先生に対して萎縮をしたり，学びに対してマイナスな姿勢になったりしてしまいます。子どもたちが安心・安全に思えるように，子どもたちが気持ちよく学習規律を守れるように，先生も子どもたちの成長を楽しみながら学習ルールが定着するように，声掛けをしたりしていきましょう。

３年生になると，これまで自分の考えを表現することに夢中であったのが，

他者の考えをより聞けるようになったり，
他者の考えをもとに再考したりする

ことがよりできるようになっていきます。

だから，発表の話型を与えるだけでなく，相手が発表しているときはうなずいたり，相手のことを否定するような言い方に気をつけたりといったルールをつくることも有効です。

★ タブレット端末について

３年生の国語科でローマ字を学習します。そのため，いよいよ本格的にタブレット端末を使用していきます。まず，子どもたちはタイピングに苦労することでしょう。しかし，タイピングは，練習を重ねると誰でも早くなります。

最初はタイピングに時間が掛かることで，学びの妨げになっているのではないかと思うこともあることでしょう。でも，使わせないといつまで経ってもタイピングはできるようにはなりません。だから，

長期的な視点をもった指導

が必要になってきます。

6月は梅雨によって，7月や9月は暑くて外で遊べない日が多くあることでしょう。そんな日には教室でタイピング練習を行うようにします。このように授業以外の場でも練習する場を設けます。

また，タブレット端末を使うルールとして，

- タブレット端末は学習のために使います
- タブレット端末は人を傷つけるためには使いません

といったことをしっかりと4月に伝えておきます。

⭐ 準備物の家庭連絡について

授業で必要なものを家庭で準備してもらうことがあります。準備物について，

前日に連絡するのでは遅い

です。前日に連絡するのでは保護者は困ります。こういった積み重ねは保護者の不信感につながります。

遅くても1週間前には連絡しておきます。理想は，月はじめの学年通信であらかじめ伝えておき，さらに1週間前にリマインドとして伝えるとていねいです。

⭐ 準備物を忘れた場合

3年生では，絵の具セット，習字道具，リコーダーなど，学習で使用する道具が増えます。教科も増え，教科書も増えます。基本的には学校で保管しておくことでしょう。何を持ち帰り，何を学校に置いておくのかということをしっかりと共通理解しておきます。

タブレット端末を持ち帰らせる学校も多いことでしょう。家庭での充電忘れやタブレット端末を持ってくることを忘れたときの対処法をあらかじめ考えておきましょう。

大人でも子どもでも忘れ物はしてしまいます。何度も忘れ物が続く場合には指導をしていく必要がありますが，一度の忘れ物では「次，忘れないようにしようね」「忘れ物をしないためにどうしたらよいか」という子どもたちと共に考えて忘れ物が減るような指導をしていきましょう。

忘れ物をいつでも貸し出すことができるように予備を教室に置いておくこともよいことです。

苦手さのある子への
配慮ポイント

川上　康則

⭐ 「気になる子」「気になる行動」という表現の広がり

　特別支援教育への関心とともに「気になる子」「気になる行動」という言葉が広く使われるようになってきました。ただ，「気になる」の主語は「教師」であることに留意しなければいけません。教師側が示す一方的な枠組みや，大人都合の「譲れないライン」などによって「自分の指導の範疇ではない」と勝手に結論づけられてしまうことがあるからです。本項のタイトルにあるように，子どもの目線に立って「困難」や「苦手さ」を考えるという視点を忘れてはいけないと思います。

　子どもの行動の変容を促したり，欠けがちな点を育てたりすることは一朝一夕には成し遂げられません。着実に一歩ずつ，当事者である子どもたちと一緒に形づくっていくという発想が大切になります。そのためには，それぞれの子どもの「持ち味」や「個性的な部分」を「その子らしさ」として尊重し，「できているところ」や「できそうなところ」を見過ごさずに価値づけていく必要があります。

　学校現場では，とかく「できていないところ」に着目され，それが職員室内で話題になりがちです。しかし，相手を変えようとする考え方では，かえってうまくいかない結果に陥ります。教師本位のルールが子どもの能力を超えたところに置かれてしまい，叱ることが日常化して，大人と子どもの双方を苦しめてしまうことにつながりやすくなるからです。加えて，クラス全体に不平等感を与えないようにするという教師の気持ちが子どもたちに加わり，子ども同士が相互に「あの子はできていない」と監視し合うような雰囲気が醸成されていくこともありえます。

　望ましい行動は，大人目線で考えるのではなく，対話を通して子どもと一緒に目指したい方向を確認していくことが大切です。いわば，共に問題を解決していく「伴走者」という立ち位置です。

　こうした役割を，担任が一人で背負うには限界があります。校内には「特別支援教育コーディネーター」を中心にした「特別支援教育校内委員会」があります。担任として感じた「気づき」の情報を関係者間で積極的に共有し，必要に応じて保護者や校外の相談支援機関との連携・協力を行うようにしましょう。

⭐ 気づきを具体化するキーワードは「遅れ・偏り・歪み」

　子どもの苦手や困難は「遅れ・偏り・歪み」の三つのワードで表現できます。

　「遅れ」は，学年相応の学びよりもゆっくり育っていることを意味します。スローラーナーという言葉で表現されることもあります。対応の基本は「時間を掛けててていねいに」を尊重するということです。遅れには，全般的な発達に関する遅れと，言語・運動・社会性などの特定分野における習得に関する遅れがあります。

　「偏り」は，アンバランスな状態を示します。例えば，ある特定の分野について能力が突出していたり，興味・関心が際立っていたりする一方で他の分野における不得意さが極端に目立つようなケースが該当します。例えば，算数科の文章題で直感的に答えを出せる子などはその典型で，途中式を書かなければ減点するといった評価をしてしまうと，せっかくの持ち味が台なしになってしまいます。また，話すことについては大きな課題はないにもかかわらず，読み・書き・計算のいずれかの分野に苦手がみられるような場合も「偏り」として整理できます。この場合は ICT などの支援ツールの活用によって学習面のバリアが軽減されることが知られています。さらに，不注意や易怒性（怒りの感情が起きやすい特性），易刺激性（周囲の音や視覚的な情報などの刺激にとらわれてしまいやすい特性）などの「偏り」は，服薬によってその程度をコントロールできることがあります。

　「歪み」は，標準的な形からのズレを意味します。通常ではなかなか現れにくい行動や認知の仕方がたびたび見られるような状態のことを言います。強いこだわり行動，コミュニケーションに噛み合わなさを感じる，融通の利かなさ，相手との距離のとり方の難しさなどが該当します。

⭐ 「未学習」「誤学習」が加わるため診断名にはとらわれずに

　これらに加えて，子どものそれまでの歩みによって生じる課題もあります。

　例えば，ある物事について未経験なままで過ごしていたり，これまでの経験と結びつけて問題に自分で気づくことが難しかったり，エラーやミスを修正して改めていくことに前向きでなかったりすることによって「未学習（学ばずじまい）」という状況がもたらされることがあります。また，周囲の無理解や誤解によって叱責や非難を受け続けた結果，自尊効力感（できる・できそうと感じる気持ち）が低下するなどの「誤学習」も考えられます。

　支援に，障害かどうかの線引きは重要ではありません。場所・状況・かかわる人の理解の度合いなどによって変化しうるものなのだと認識することが大切です。

学級担任として必ず知っておきたいこと

樋口　綾香

⭐ 3年生の実態を知る

めまぐるしく変わる時代のなかで，子どもの実態を知っておくことは，安定した学級経営をしていくうえで重要でしょう。3年生の実態を確かめてみましょう。

❶ 体のこと

男女ともに平均身長は128〜129cm，体重は27〜28kg。まだまだ小さく感じますが，少しずつ第二次性徴期に向かっています。第二次性徴期がはじまる年齢は，平均で男子が11歳半，女子が10歳です。早ければ男子は9歳，女子は7歳7か月ごろからはじまると言われているため，3年生でも注意深く見る必要があります。体の変化によって，いじめが起きたり本人が嫌な思いをすることがないように，体育科の着替え等は十分配慮し，保健や道徳の授業などできちんとした知識を得たり，相手の立場に立って考えたりする経験も大切です。

❷ 生活のこと

内閣府の「令和4年度青少年のインターネット利用環境実態調査」によると，8歳でインターネットを利用している子どもの割合は92％でした。利用内容は，動画視聴，ゲームが70％を超えています。学習に用いるよりも，娯楽にインターネットを利用することが当たり前になっている子どもたちに，学校で適切なICT活用のルール等を徹底させることは簡単なことではありません。4月には，情報モラルについて学ぶ機会をつくり，ICT利用のルールを明確にしておくことが望ましいでしょう。

❸ 心のこと

公文教育研究会が2022年12月に調査した「家庭学習調査2022」によると，保護者が子どもについて気にかかっていることの上位3項目は，「友達関係」「学校での様子」「学校の成績」でした。

「友達関係」については，3年生になると友達同士のトラブルが増え，ケガをさせて保護者

に連絡したり，クラスや学年をまたいで問題を起こしたりするなど，解決に時間や人手が掛かることがあります。

これは，子どもの心の発達によるものです。低学年とは違い，自我が確立されはじめ，自分でやってみたい，一人でできるといった考えをもつようになります。それが，譲れない，寛容になれないという意固地な姿勢になってしまうことでトラブルにつながります。

3年生で子どもたち同士の関係がこじれてしまわないように，心の発達のことを子どもたちに話したり，譲れるようになる，寛容になれることが次の成長につながることをていねいに伝えていきたいものです。

❹ 学習のこと

年齢が上がるにつれ，学校のことを家で話さなくなる子どもが増えるため，先述したように保護者は「学校での様子」や「学校の成績」について気にするようになります。

特に3年生は理科，社会科，総合的な学習の時間，外国語活動といった教科領域が新しくはじまり，子どもたちが学習する量や時間も増えるので学習に対して苦手意識が出てくるのもこの時期が多いです。

子どもたちの学習定着度を把握して適切に指導できるように努めながら，学習の様子は学級だより等でこまめに伝えることで，家庭でも復習したり，困ったことを相談しやすい環境をつくりましょう。

⭐ 安心・安全な学校生活を送る

安心・安全な学校生活を子どもたちが送れるように，担任として必ず知っておきたいことは以下の通りです。

〈担任として必ず知っておきたいこと〉
□アレルギーや服薬，持病などの身体的なこと（★★★）
□家庭環境等で配慮すべきこと（★★）
□行動面や学習面で著しい困難がないか（★★）
□得意なこと，苦手なこと（★）
□友達関係に課題があるかどうか（★）

アレルギーなどの身体的なことは命にかかわるので最重要項目です。子どもたちの安心・安全のために，学校生活上不安がありそうな項目において情報を把握しておきましょう。

チェックリストでわかる！
入学式・始業式までに必ずしておくべきこと

樋口　綾香

⭐ これで安心！入学式・始業式までのチェックリスト

〈学年単位の仕事〉

- □ 入学式実施案の確認
- □ 始業式実施案の確認
- □ 学年での役割分担（学年会計・行事主担当・学年だより等）
- □ 前学年担当との引継ぎや指導要録などの資料の確認
- □ 補助教材・ノート等の注文
- □ 避難経路の確認
- □ 学年集会の計画
- □ 学年だよりの作成
- □ 春の遠足の行き先決め
- □ 学級で取り組みたい特別の教育活動を学年で共有する
- □ 初日の配付物を確認する

〈学級単位の仕事〉

- □ クラス名簿の作成
- □ 当面の予定表の作成
- □ 教室環境や子どもが使う物のチェックと準備
- □ 係・当番システムの確認・準備
- □ 座席表の作成
- □ 時間割の作成
- □ 名前磁石の作成
- □ 学級だよりの作成
- □ 自己紹介カードの作成
- □ 授業開きを考える

□ 学級開きをイメージする

□ 初日の出会いをイメージする

□ 初日の黒板掲示

⭐ 学年単位の仕事のポイント

❶ 入学式・始業式実施案の確認

昨年度の反省を読み返し，当日の実施案と自分の役割を把握します。昨年の同学年の先生と情報交換をして，情報漏れがないように対応しましょう。

❷ 学年での役割分担

学年会計や行事会計，学年だよりなどの文書づくり等，分担しなければならないものをあらかじめ相談しておきます。特に運動会や学習発表会，宿泊行事等の主担当ははじめに決めておくと見通しをもってスムーズに計画できます。

❸ 前学年担当との引継ぎや指導要録などの資料の確認

配慮を要する子やその交友関係，リーダー性，家庭環境，アレルギー等は学年や学校で対応しなければいけないこともあるため，引継ぎ時にかかわる教員同士で細かく確認しておきます。指導要録，健康調査票などの資料の確認やクラス分けはできる時間を見つけて適宜取り組むようにしましょう。

❹ 補助教材・ノート等の注文

ドリル，テスト，ノート，ファイル，資料集などを学年で決めて，早めに注文します。３年生からは社会科と理科の教科が増えます。また，総合的な学習の時間，音楽科ではリコーダー，書写では習字もはじまります。算数科ではコンパス，国語科では国語辞典も使います。必要なものを事前に注文しておきましょう。そのとき，決して「昨年通り」とせずに，担当する子どもたちが使いやすいもの，課題や伸ばしたい力を意識して，ていねいに教材を決めるようにします。

❺ 避難経路の確認

地震，火災，津波，不審者など，子どもたちが避難を余儀なくされる状況を想定し，そのときの状況に合わせて適切な避難経路を指示できるように準備しておきます。家庭科室や理科室など，火災が起きる危険性が高い場所の近くに教室がある場合は，複数の避難経路を想定するようにします。

❻ 学年集会の計画

　学年集会は，学年の子どもたちと各担任や専科等でかかわる先生と行います。
〈目的〉先生と子どもの顔合わせ，ルールを確認してトラブルや注意を減らす。
〈内容〉

　　□ 担任からの挨拶
　　□ 学年目標の設定
　　□ ルールの確認……「休み時間の過ごし方」「遊びのルール」「持ち物のルール」

　これらの他に「掲示物」「宿題の出し方やチェック方法」「朝の会や終わりの会にすること」など，細かい部分も学年で話し合っておくようにしましょう。

❼ 学年だよりの作成

　学年目標に合うようなタイトルを決めて，内容を話し合い，作成・印刷します。4月号は，子どもたちにかかわる先生の担当や自己紹介などを掲載して，保護者の方に知っておいてもらうようにします。また，行事や授業で使用するものがあれば，事前に知らせておくと，保護者は助かります。

❽ 春の遠足の行き先決め

　春に遠足に行く場合は，始業式までに場所や日程，移動手段や下見の日を決めます。しおりを作成する人，会計をする人，施設とやりとりをする人などの役割も決めておきます。

❾ 学級で取り組みたい特別の教育活動を学年で共有する

　新しいことに挑戦したり，今までやってきたことを継続したりして子どもたちに力をつけようとすることはとてもいいことです。しかし，学年でどんなことをしているか知らない状態だと，何かトラブルが起きたときに，対処しにくくなることがあります。もし担当する学級独自でしたいことがあるなら，事前に学年の先生に伝えておきましょう。

❿ 初日の配付物を確認する

　配付物が多い場合は，学年で相談して初日に配付するもの，2日目以降に配付する物を決めておきます。手紙などは枚数を確認しておくとミスが起こりにくくなります。

⭐ 学級単位の仕事のポイント

❶ クラス名簿の作成

クラス名簿は Excel で作成します。学校で決まったものがある場合はその様式に則って作ります。学年のものをまとめて作るほうが効率がいい場合は，積極的に声掛けをしてから作成しましょう。作った名簿は学年の共有フォルダに入れておきます。宿題用，掲示用等いくつかパターンを作っておくと便利です。

❷ 当面の予定表の作成

年間行事予定を印刷して確認し，大きな行事の日程を書き出します。入学式や始業式で保護者から行事についての質問があったときなどに，すぐに対応できるようにしておきます。また，１学期を見通して，子どもたちが準備するもの（制作などに必要なものは準備に時間が掛かることがある）がないか確認します。これらを記入した２週間程度の予定表を作成し，学年でも共有しておきましょう。

❸ 教室環境や子どもが使う物のチェックと準備

机，椅子，靴箱，ロッカー等の数を確認し，出席番号や名前のシールを貼ります。机に傷があって使いにくいものはないか，椅子がガタガタしないか，ロッカーがスムーズに開け閉めできるか等，子どもの学習環境が整っているかを確認します。また，壁や床に剥がれや突起物がないか，窓ガラスに割れやひびがないかも確認しましょう。

掃き掃除や拭き掃除を行い，子どもたちが気持ちよく一年をスタートできる環境をつくります。

❹ 係・当番システムの確認・準備

係活動は，「子どもの力で学級生活を楽しく豊かにすること」が目的であり，「創意工夫しながら自主的，実践的に取り組むこと」が大切です。昨年度の様子を前担任に聞くなどしてイメージしておき，子どもたちが中心となって進めていけるようにしましょう。給食は，給食センターなどから配膳の仕方や食器の種類・使い方・片づけの仕方などが示されたものが職員会議等で共有されているため，これを掲示したり，電子黒板などで見せたりしてみんなで確認します。

❺ 座席表の作成

始業式の日，登校してきた子どもたちが困らないように，座席表を作成して黒板に貼っておきます。

❻ **時間割の作成**

　配付される時間割の標準時数と照らし合わせながら作ります。月曜日は祝日が多いので，週に１時間しかない道徳科や学活などは入れないように注意します。教室掲示用と児童配付用を作成・印刷します。

❼ **名前磁石の作成**

　授業中の発言記録，提出物確認用や，係や当番決めなどで活用します。黒板用と机用の２種類を作成すると便利です。裏表とも名前が書けるネームプレートマグネット（表と裏で色が違うもの）や，100円ショップの丸磁石（子どもが貼ったり剥がしたりしやすい厚みがあるもの）を使うのがおすすめです。

❽ **学級だよりの作成**

　継続して出さない場合も，一年のはじめや終わり，学期はじめは節目として出すことが多いです。始業式の日に渡す学級だよりは，保護者向けの担任の自己紹介やタイトルに込めた思い，クラスのメンバー紹介，先生が楽しみにしていることなど，前向きな一年のスタートを保護者にアピールするようにしましょう。

❾ **自己紹介カードの作成**

　子どもたちが書く内容に困らないように，名前，誕生日，好きなこと，得意なこと，みんなにメッセージ等が適度に書けるカードを用意します。１人１台端末を活用することもいいですが，子どもたちが手書きする方が一人一人の個性が出ます。

❿ **授業開きを考える**

　はじめの授業は，学ぶことを楽しいと思ってもらえる工夫を意識します。また，その教科で身につける力や学び方を子どもたちが具体的に考え，イメージをもてるような授業の流れにします。

〈授業開き前〉

CHECK

- □ 教科書をじっくり読む
- □ 目指す子ども像と理想の授業像を具体化する
- □ 一年間の見通しをもつ
- □ 授業ノート（ファイル）を作る
- □ ４月分の教材研究をする
- □ 子どもたち同士がつながり合う活動を考える
- □「話し方」「聞き方」等の掲示物を作成し，授業に生かす

⓫ 学級開きをイメージする

　始業式の日はやるべきことがたくさんあり，子どもたちと会話を楽しんでいる時間はほとんどありません。だからこそ，自己紹介や短時間でできるミニゲームを考えておくようにします。担任の自己紹介は，ノートにメモをしたり，スライド資料を作成したりしておき，子どもたちがくすっと笑えるようなポイントを入れるようにします。担任が好きなものや，休日の過ごし方，おっちょこちょいエピソードなどをクイズにしてミニゲームに取り入れると，先生と子どもたちの距離がぐっと縮まります。子どもたちは，家に帰ってからきっと担任の先生のことを家の人に話したくなりますよ。

⓬ 初日の黒板掲示

　始業式なので，あたたかさや華やかさを意識します。子どもたちは新しいクラスになって，ドキドキしたり，そわそわしたりと落ち着かない気持ちで過ごしています。黒板は子どもたちをあたたかく迎え入れる気持ちが伝わるように工夫しましょう。右の写真は異動した年だったので，名前を書かずにメッセージのみにしました。

【参考文献】
- 『国語教育2024年４月号』明治図書

第2章

成功するロケットスタート！

小学3年の
学級開き＆授業開き

学級開き

授業開き

学級開き

学級開きとは

垣内 幸太

⭐ 子どもたちの安心を引き出す

　低学年期を終え，いよいよ中学年のスタートです。まだまだ幼さも残る３年生ですが，心も大きく成長して，仲間との横のつながりを求めたり，悩み事や心配事も出てきたりする時期です。また，身体的・学力的な「差」も出やすくなります。そういった「差」が，子どもたちの悩みの種になることも往々にしてあります。学級開きの一週間で，

「このクラスならがんばれそうだ」「いいクラスになりそうだな」

と子どもたちに安心感を覚えさせられるスタートを切りたいものです。出会いの印象はその後の関係に大きく影響します。まずは子どもたち一人一人とつながることを心掛け，子どもたちからの信頼を得られるようにしましょう。その信頼関係のもと，子どもたちは安心して，仲間との関係を築いていけるのです。子どもたちが「この先生，この仲間となら一年間大丈夫そうだ」という安心感がもてる学級開きの一週間にしましょう。

> 〈出会いのポイント〉この先生，この仲間とならがんばれそうという安心感と期待感を！
> ○視覚で届ける情報
> 　　□清潔感のある服装　　　□笑顔　　　□教室環境　　　□黒板メッセージ
> ○心に届ける情報
> 　　□先生の情熱　　　　　　□やわらかい話し方（ていねいな言葉遣い）
> 　　□ポジティブな言動　　　□褒め言葉　　　□期待　　　□ユーモア
> 　　□間違った行動への対応・指導

⭐ 保護者の安心を引き出す

　今の時代，保護者の存在を無視してできる教育活動などありません。しかし，味方につけるとこれほど心強い存在もありません。

　始業式の日，家に帰ったら必ずと言っていいほど，「どんな先生だった？」といった会話が

行われます。そのとき子どもたちはなんて言うでしょうか。もし初日から先生がしかめっ面ばかりしていたら、「すごい怖そうな先生だった……」となるかもしれません。連絡事項を淡々と話すのみならば、「なんかつまらない先生だった……」となるかもしれません。この子どもが伝える一言で、保護者の印象は大きく変わります。家に帰ってきた子どもが嬉しそうに「○○そうな先生だったよ！」と話をしてくれたならば、きっと保護者も安心されることでしょう。

　優しそうな？楽しそうな？……子どもたちに伝えてほしい「○○そうな先生だったよ」を引き出す初日を迎えられるように準備してみましょう。もしも初日に失敗したとしても絶望することはありません。学級開きの一週間はまだまだ挽回できます。子どもたち一人一人の反応をよく見ながら、ていねいに安心を引き出していけるといいですね。

⭐ イメージを共有する

　これからどうなるかわからない「ドキドキ」、これから先を楽しみにする「わくわく」は似て非なるモノです。後者を抱かせるためには、先のことがある程度見えていないといけません。子どもたちのなかには新しい環境に不安の「ドキドキ」を抱く子もたくさんいます。以下のことについて教師のもっているイメージを子どもたちと共有する時間をもつことで「ドキドキ」を「わくわく」に変えていきましょう。保護者にも通信などを通じて発信していくことで、保護者の不安も和らげることができます。

❶ 一年間の見通しについて
- 先生の紹介（自分の人となり、また学級にかかわる他の先生の紹介など）
- 各教科・領域（社会科・理科・総合的な学習の時間、習字、リコーダーなど、新しくはじまることについて）
- 行事やイベント（運動会、学習発表会、遠足、参観など、いつ頃あるのか。また、どんなことをするのか）

❷ 願い
- 学級への願い（こんなクラスにしたいという先生の願い）
- 学習への願い（学習に取り組むときの態度面や心もち）
- 個への願い（一人一人にがんばってもらいたいこと）

❸ ルール・マナー
- 内容（学校全体や教室などで、どんなルール・マナーがあるか）
- 理由（なぜそんなルール・マナーを設定しているか）

1日目

垣内　幸太

⭐ 1日目にすること

○自己紹介（所信表明）
○出欠確認＆クラスのメンバー紹介
○クラスにかかわる先生の紹介
○靴箱，ロッカー，トイレやルール，避難経路などの確認
○配付物（教科書・ノートなど）を漏れなく配る
○印象に残る締めくくり

　学級開き初日，教師自身もきっとやる気がみなぎっていることでしょう。たくさんのことを伝えたくなります。しかし，始業式からはじまり，クラス分け，教科書の配付などを行っていると，教室で子どもたちと過ごせる時間はそう多くはありません。ここはぐっと堪えて，「よい出会い」のみにこだわります。最低限の連絡とクラスや先生への安心感をもってもらうことに全力を尽くしましょう。

⭐ 1日目の流れ

❶ 自己紹介

　先生が教室で発する第一声，行き当たりばったりで話をするのではなく，子どもたちに想いが届くようにしっかりと準備しておきたいものです。先生の得意なことや大事にしていることなど「人となり」を伝えることで，子どもたちがもつ警戒の壁を取り除けるといいですね。
　自己紹介がよりプラスのイメージとして子どもたちに届くように，次のことに気をつけて話をしましょう。

- 最初が肝心！　聴く雰囲気をつくる
- 話す速さ，抑揚，音程（ファの音が心地よいと言われます）など，安心感を与える話し方を心掛ける

- 内容は明確に！　一文が長くなり過ぎないよう端的に話す
- 視覚でも伝える！　表情や身振り手振り，映像なども活用する

❷ 確認事項

　明日からすぐに必要となることのみの確認だけ行いましょう。翌日以降でもよいものは2日目以降に回します。

> 〈1日目確認事項〉
> □避難経路（できれば実際に歩いて移動する）
> □靴箱の位置（事前に番号を貼っておくとスムーズ）
> □ロッカーの位置と使い方（置き方を写真などで示せるとなおよい）
> □トイレ（学年が主に使ってよいトイレが決まっているならば）
> □配付物（教科書，教材，プリントなどを確実に数を確認しながら配付する）
> □その他最低限のルール（各校の実態に応じて）
> □明日の連絡（明日の予定，持ち物，提出物など）

❸ 印象に残る締めくくり

　あっという間に初日の終わりです。どんな顔で家へと帰るかは，この締めくくりの時間が大きく作用します。緊張しっぱなしの子どももいたかもしれません。よい顔で家路に向かえるようにひと工夫してみましょう。

　仲間との横のつながりも求めはじめる3年生です。初日は，個別の子を褒めるのではなく，クラスとしてがんばっていたことや仲間のために動いていた子を褒めるなど，つながりを意識できるようにしましょう。また，仲間とのかかわりがもてるアクティビティを活用するのもいいですね。例えば，二人でじゃんけんをしてあいこになったらハイタッチする「あいこじゃんけん」，無言で誕生日順に並ぶ「誕生日チェーン」などは定番ですがぴったりです。

　もしも浮かない顔をしている子どもがいたならば，見逃すことなくチェックしておきましょう。「さようなら」の後に声を掛けてみたり，放課後，おうちに電話を入れたりして，明日から少しでもよい顔で来られるようにしてあげましょう。

2日目

学級開き

垣内 幸太

⭐ 2日目にすること

○提出物の出し方のルールを確立
○子どもたちの自己紹介
○朝の会，終わりの会の進め方の確認
○並び方の確認
○一年間の見通しを紹介
○学年目標の確認（学年集会）

　昨日の緊張から一夜明けました。学校によっては入学式や離任式などもある２日目です。限られた時間ですが，基本的な教室での過ごし方を確認するとともに，一年間の見通しがもてる一日にしましょう。ひょっとしたらクラス替えが思った通りにならずに，まだ気持ちを引きずったままの子もいるかもしれません。声掛けをするとともに，自己紹介などを通じて，互いを知り合う時間も設定してみましょう。

⭐ 2日目の流れ

❶ 提出物の出し方

　学年のスタートは提出物もたくさんあります。最初が肝心です。ここでしっかり提出方法のルールを確立しておくと，一年間の無用なストレスがぐっと軽減されます。人数や集めるものによって方法は異なるかもしれませんが，ここでは主なポイントを示します。

〈朝来た人から出すべきもの（連絡帳，宿題）〉
- 提出物ごとのカゴを用意しておく
- 向きをそろえて出す（名前が上になるように）
- 名簿にチェックを入れる

〈先生が来てから集めるもの（個人情報を含むもの，番号順に並べたいもの）〉
方法①　出席番号順に提出する（最後の番号から集めると一番上が1になる）
方法②　10冊ずつ集める（1〜10，11〜20，21〜30，31〜のカゴを分けて提出）
方法③　代表集め（1，11，21，31番の人のところに持っていき並べ直して提出）

❷ 朝の会，帰りの会の進め方
〈朝の会〉
　子どもたちの体や心の状態を確認する時間でもあります。教師は子どもたちの顔や様子をよく見ておきましょう。「今日も一日がんばろう！」という雰囲気が流れる時間にしましょう。日直のスピーチなどの活動を入れるのもいいですね。

〈帰りの会〉
　帰る準備の遅い子やお話に夢中の子などについつい大きな声で叱ってしまうこともあるでしょう。明日につなげるためにも，笑顔で「さようなら」をしたいものです。音楽をかけたり，タイマーを示したりしながら，早くみんなが帰る準備ができるようにします。先に帰りの会を済ませて「さようなら」の後，各々帰る用意をするのも一つの方法です。

〈朝の会の一例〉
①挨拶
②健康観察
③今日のめあて
④係からの連絡
⑤先生からの話

〈帰りの会の一例〉
①めあてのふり返り
②今日のハッピー
③みんなからの連絡
④先生からの話
⑤挨拶

❸ 学年集会のもち方（一年間の見通し）
　複数のクラスがある学年ならば，早いうちに学年集会をもちましょう。学年にかかわる先生にもなるべく来てもらいます。担任に限らず，他学級の先生，専科の先生，特別支援学級の先生……，どの先生も「みんなの先生」であり，相談してよい先生であることを伝えます。担任一人ではなく，多くの先生が自分たちにかかわっていること，見守ってくれていることは子どもたちの安心感につながります。

　また，ここで学年目標や一年間の主な行事を紹介します。模造紙やモニターで示すことで子どもたちの印象に残るようにします。学年目標も端的な言葉で表すことで子どもたちの心に届けましょう。

　学年集会を開くにあたって，事前に学年の先生たちと役割を分担したり，並び方を決めたりしておきます。

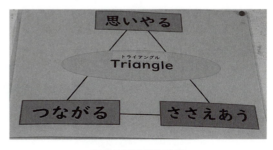

印象に残る学年目標

第2章　成功するロケットスタート！　小学3年の学級開き＆授業開き　039

学級開き

3日目

垣内　幸太

⭐ 3日目にすること

○机の中・横，ロッカーに置くもの，置き場所のルールなどを押さえる
○掃除・給食の確認（当番，準備など）
○休み時間の過ごし方の確認
○宿題の位置づけを確認
○授業開き①

　ここからの三日間は，学級のルールやシステムを確立していきましょう。いよいよ授業もはじまります。各教科の授業開きでは，教科ならではの楽しさを感じさせるとともに，ルールやマナーなど，最低限のことを押さえていきましょう（※各授業開き参照）。
　併せて給食や掃除，宿題などもはじまります。これまでのクラスによってルールが少し異なることもあるでしょう。合意形成を図りながらルールをつくっていきます。

⭐ 3日目の流れ

❶ 掃除・給食の確認（当番，準備など）
〈掃除当番〉
　学級がしんどくなっていくとその姿は掃除に表れてきます。「掃除を見ればそのクラスがわかる」とまで言われます。もう中学年の子どもたちです。場所や方法の確認に留まらず，「なぜ掃除をするのか？」から共に考え，「みんなが気持ちよく過ごすため」などとしっかり意味をもって掃除に向かえるようにしましょう。

〈給食当番〉
　給食開始にあたって以下の確認が必要です。

〈主なルール（例）〉
● 時間を守る
● 自分の役割をしっかり果たす
● 道具を大切に使う
● 終わったら助け合う
● 道具は元の位置に片づける

040

- 各担当の人数，当番の期間，ローテーションの仕方（当番表の活用）
- 配膳の方法，待ち方
- アレルギー対応
- 机の形，食事のルール，マナー
- 減らす（増やす）際のルール
- 余ったものの分け方の方法
- 片づけの方法（残食の返し方，食器の戻し方，給食室への返却方法）

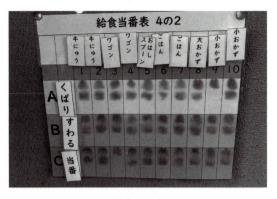

給食当番表

ルールやマナーを守ることでみんなが安全に安心して食事ができることを確認しましょう。

❷ 宿題について

当たり前にするべきものとして教えられてきた「宿題」。学年のスタートで，「何のために」「誰のために」するものなのか確認しましょう。「自分の力をつけるため」などとシンプルな言葉で伝えられるといいですね。今後，宿題を忘れる子も出てきたとき，頭ごなしに叱るのではなく，「何のために」を再度確認しながらがんばれるように励ましていきましょう。

時間	（学年＋1）×10分　つまり3年生では40分が目安
方法	漢字ノートや計算ドリルなど途中までもよいので学校で時間をとってやってみましょう。言葉集めの方法や計算式の書き方など，家でする際に，その方法で戸惑うことのないように押さえておきます。通信などで保護者と共有しておくのもいいですね。
提出	二日目に確認をした提出物の出し方を再確認するとともに，忘れたときの対応も伝えておきます。
内容例	【国語科】（毎日）音読，漢字練習，（時々）意味調べ，感想文，発表原稿…… 【算数科】（毎日）計算練習，（時々）問題作り，算数プリント，まとめ…… 【理科・社会科】（時々）授業のまとめ，調べ学習……

以上のことは，あらかじめ学年で話し合い，そろえておきます。

また，自主学習ノートにもチャレンジできる学年です。主体的に家庭学習に向かえるように，時機を見て取り組んでみましょう。その際，ただノートを配付して「1ページやりましょう」ではなく，やるべき内容を紹介する，メニュー表を作る，過去のよい例を紹介するなど，ていねいにスタートすることが肝心です。

また，はじめは提出期限にも余裕をもたせて，一週間に一度出すぐらいで十分です。楽しんで取り組めることを何より大切にして取り組みましょう。

第2章　成功するロケットスタート！　小学3年の学級開き＆授業開き　041

4日目

垣内　幸太

⭐ 4日目にすること

○係活動（話し合いのルール）の確認
○移動教室，着替えの方法
○忘れ物をしたときの動きの確認
○写真（個人，学級）撮影
○授業開き②

　音楽科や体育科など，教室を移動しての授業もはじまります。移動の際のルール，着替えのルールなどを確認しておきましょう。また，係活動を決めるなど，仲間との話し合いの時間も経験します。互いに気持ちよく話し合いを進めるにはどうしたらよいか考える機会にしましょう。

　他の先生との子どもの実態交流などに使える個人写真と4月スタートの学級写真を撮っておきます。天気がいい日に，外で撮るのもいいですね。

⭐ 4日目の流れ

❶ 係活動

　係活動は「学級をよりよくするため」に行う活動です。本来であれば，学級のためにやってみたいことをそれぞれが考え，やりたい人が集まり自主的に活動できることが理想です。「○○会社」などといった実践も見受けられます。ただ，3年生では，全員が何かの係に所属して，学級のために自分が役に立つ喜びを実感させることで，今後の活動につなげていきましょう。

　係の内容については，子どもたちがこれまで経験してきたものなどを出していくとともに，先生の方からも提案していきます。1学期は何の係をつくるかよりも，決まった係で何ができるかに重きを置きます。

　各係は，2～4名ほどで構成していきます。係決めが終わったら，係ごとに集まって活動内

容や役割を話し合います。１枚のポスターにまとめていってもいいですね。

　学年がスタートして初めてのグループでの話し合いになります。話し合いのルールを押さえておきましょう。ベースは，みんなが安心して話し合いに参加できることです。

　先生は各グループを回って，積極的なフィードバックに努めましょう。

> **〈話し合いのルール（例）〉**
> - 人に嫌な思いをさせる言い方はしない
> - 前向きな意見を伝え合う
> - 人の話は最後まで顔を見て聞く
> - 全員が話をできるようにする
> - 言ってくれた人にリアクションする
> - 「絶対に○○」はダメ
> - 互いの意見を認め合う

❷ 移動教室・着替え

　３年生になって初めて移動教室での授業がはじまるという学校もあるかもしれません。移動のルールを確認します。その際，「なぜそうしないといけないのか」まで子どもたちと一緒に考えられるようにしましょう。

- トイレなどを済ませて，授業開始３分前に廊下に並ぶ
- 移動の際は話をしない（特に授業時間にかかっている際は静かに！）
- 移動教室まで着いたら，自分の席に行き，授業の準備をする
- 帰りも同様に並んで教室に帰ってきてから休み時間にする

　各自で移動するルールの場合は授業開始とともに移動しておき，チャイムと同時に授業が受けられるようにしておくことを確認しておきましょう。

❸ 忘れ物をしたとき

　低学年とは違い，持ち物の準備・確認は自分で行い，忘れ物などは自分の責任であることをまずは自覚させます。そのうえで，どうしても忘れ物をしてしまうこともあること，その忘れ物をした後の行動が大事であることを伝えます。そして，忘れ物をした際の動きを示します。

> **〈忘れ物をしたとき〉**
> - 家には取りに帰らない
> - 宿題→チェック表に「×」
> - 提出物→先生に言う
> - 学習用品→先生に借りる
> - 忘れ物をどうするか考える

　特に忘れ物をしてしまったときに，その後どうするかまで考えさせることが大切です。「〜までに宿題をします」「明日持ってきます」など，自分の口で言えるようにしましょう。

学級開き

5日目

垣内　幸太

⭐ 5日目にすること

○学校内のルールの確認　→一日の生活ルールの確認
○学級目標の話し合い
○席替え
○授業開き③
○ふり返り

　約一週間，そろそろ通常運転をはじめるころです。お互いの顔と名前もわかり合い，それぞれの個性も出てくるとともに，学級の雰囲気も徐々に形成されていくころでしょう。子どもたちとともに，自分たちはどんな学級でありたいかを話し合い，学級目標を決めましょう。

　この五日間の最大の目標であった「子どもたち，保護者の方々の安心を引き出せたか」「見通しをもたせることができたか」がどこまでできているか，ここまでをふり返り，明日からの日常につなげましょう。

⭐ 5日目の流れ

❶ 一日の生活ルールの確認

　学級開きから今日まで多くのことを確認してきました。今一度流れを確認するとともに，できていないところや改善が必要なところを点検しましょう。

□朝登校〜朝の会がはじまるまで　── 挨拶，提出物，宿題，荷物整理……
□朝の会
□授業中　── 挨拶，提出物，宿題，荷物整理……
□業間休み　── 時間，運動場の使い方，雨の日の過ごし方……
□給食　── 当番の方法，待ち方，残し方，お替りの仕方……

044

□昼休み
□掃除 ── 時間，場所，掃除方法の確認……
□帰りの会
□下校 ── 放課後の過ごし方，下校のルール，宿題……

　ふり返りはややもすると「○○さんができていない！」などのネガティブな話し合いになりがちです。まだ学年のスタートです。みんなでどうすればできるようになるかポジティブな意見を出し合えるようにしましょう。
　また，一度決めたルールは絶対ではなく，状況に応じて変更することもありえることを伝え，ここまでの日々でうまくいかないことがあれば，思い切って変えていきましょう。

❷ 学級目標の話し合い

　お題目だけの学級目標にしないためにも，子どもたちと一緒に学級目標を考えましょう。子どもたちがこれから大切にしていきたいことを出し合い，先生がそれらを組み合わせて一つにまとめてもいいですね。
　決まった学級目標は，ポスターや掲示物にして常に目に入るようにします。

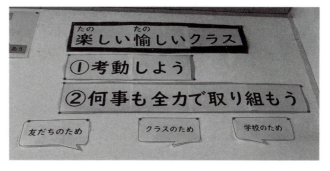

学級目標

　大切なことは，目標にたどり着くには，どんな行動や態度をすべきか，具体的にイメージできることです。そのイメージを出し合うことはこの日のみならず継続的に続けていきましょう。

❸ 席替え

　出席番号順で座っていた子どもたち。学年はじめの席替えです。この先何度も席替えをしていきます。この１回目で，席替えをする際の先生の思いや約束事を確認しておきましょう。
　方法としては，「先生が決める」「くじびき」「班長会議」などいろいろな方法がありますが，最初は，様々なことを考慮して教師が決めるのが無難です。

〈席替えについて〉
● みんなが気持ちよく勉強するため
● いろいろな仲間と仲良くなるため
● 平等にいろいろな席に座るため
● いろいろな考え方を知るため

近くだった人には「ありがとう！」，新しい人には「よろしく！」を伝えよう

学級開き
授業開き

第２章　成功するロケットスタート！　小学３年の学級開き＆授業開き　045

授業開き

授業開きとは

日野　英之

⭐ 授業開きとは

「授業開き」とは，その年度の，その教科の最初の授業を指します。

「授業」は，学校生活のなかで最も時間を割く「核」となる部分です。「授業」のなかの１時間目。一年を左右する非常に大切な時間と言っても過言ではありません。

生活科の終焉，社会科・理科の新登場。体育科においては学習指導要領上，○○運動遊びの記載だったものから「遊び」の文字がなくなり，音楽科や図画工作科等の実技教科では専科の先生にお世話になる場合も。授業の内容・形態において様々な変化が訪れる３年生。変化に対し，子どもたちはドキドキしながらもわくわく感をもって授業に臨むことでしょう。"ドキドキわくわく"の３年生の子どもたちに行う授業開き。どのようなことを心掛けておくとよいでしょうか。

⭐ わくわくを裏切らない授業開きに

わくわく感をもっている子どもたちを裏切らない授業開きにするために以下の３点を心掛けましょう。

〈子どもたちのわくわくを裏切らない授業開きの心構え３箇条〉
①「おもしろかった！」「楽しかった！」で終わる授業
②ドキドキを解消する授業
③仲間感を感じる（ぼっち感を感じさせない）授業
---

❶「おもしろかった！」「楽しかった！」で終わる授業

いつも通りの漢字学習，ただただ続く計算プリント。「楽しみにしてたのに……何も楽しくない」１回目の授業の感想が「楽しくない」「つまらない」で終わった授業が子どもたちにもたらす影響は非常に長引きます。できるならば，「おもしろかった！」「楽しかった！」という

感想をもたせて終わりたいものです。おもしろい，楽しいと言っても何もゲラゲラと声を出して笑う，派手なガッツポーズで喜びを爆発させる姿を追い求める授業というわけではありません。理科ならば「身近な物を使った実験」，社会科ならば「地図記号当てっこクイズ」等，教科ごとの見方・考え方」をふまえた知的なおもしろさや楽しさに触れ，今後の学習への楽しみや期待をもてるようなプロローグとなる一時間にしましょう。

❷ ドキドキを解消する授業

　わくわく感はあるものの，変化に対し「ドキドキ」とちょっとした不安を感じている子どもも少なくないことでしょう。「ドキドキ」解消のためには「できた！」「わかった！」という達成感を味わわせることが効果的です。誰もが答えられる（できる）発問を含んだ授業，取り組んだ結果がすべて正解となるような授業等で子どもたちのドキドキを解消してあげましょう。

> 〈例〉
> - 体育科：「みんなは今から風に飛ばされる新聞紙になるよ〜」とどんな動きでも正解（できた）とできる表現リズム運動
> - 図画工作科：「感じた物を一分間以内で描いてみよう」とどんな絵でも正解（できた）とできるスケッチ活動

❸ 仲間感を感じる（ぼっち感を感じさせない）授業

　わくわくは仲間と共に活動することや想いを共有することで増幅するものです。授業開きでは，「協働・グループ」の視点を取り入れられるとよいでしょう。国語科で音読活動に取り組むならば，一人一人が順番に読む場面だけでなく，グループごとに声をそろえて読む場面を設ける活動や，算数科ならば「答えが『5』となる計算式をグループで書けるだけ書いてみましょう。制限時間は二分間！」等，何気ない日頃の学習活動に「協働・グループ」の視点を取り入れるだけで子どもたちの気持ちの盛り上がり方はまったく異なるものへと変貌を遂げます。

⭐ ここもポイント

　取り組んだこと，できたことに対しての教師の「すごいね！」「できたね！」という評価の声は喜びをさらに増幅させることにつながるでしょう。友達の笑顔や友達とのハイタッチは安心と次なる意欲を生み出すことでしょう。何より，何かに取り組んだ際に，この学級では**誰かが見てくれている，誰も否定しないという雰囲気**を早々に味わわせることが大切です。わくわくは安心感から生まれます。授業開きを通して子どもに学級や授業への安心感をもたせることができるよう心掛けましょう。

授業開き

国語

ワイワイ！ニコニコ！ゲームで鍛える言葉の力

竹澤　健人

⭐ ポイント

❶ 国語科ならではの楽しさ

考えや思いを言葉（話の組み立て，漢字など）を使って伝え合えることです。

❷ プラスのイメージをもたせるためにすること

自分の考えをたくさん書けたという達成感や，自分の話を聞いてくれたという安心感を生み出すことを重視します。子どもたちは今後の授業に対する期待感をもてるはずです。

❸ 授業のルール・マナー

自分の考えを一つでもたくさん書くことや，友達の話をさえぎらないことの大切さを確認しておきましょう。自分の考えを「書き表す力」や話を「聞く力」は一年間を通して育みたい国語科の「力」です。

⭐ 授業開きおすすめアクティビティ①　漢字虫めがね

虫めがねのなかにある「形」が隠れている漢字をできるだけたくさん書き出す活動です。虫めがねのなかは「一」や「十」など，漢字が苦手な子どもたちでもたくさん書き出せる「形」を設定することをおすすめします。活動を開始してから時間が経つと，「習っていない漢字を書いてもいいですか？」「教科書や漢字ドリルを見てもいいですか？」と言いはじめる子どもが出てきます。「そんな漢字も知ってるのか！　勉強しているんだなあ！」「自分で調べられる子は，どんどん国語の力が伸びるよ！」などと子どもの意欲を称える言葉できちんと評価してあげましょう。

★ 授業開きおすすめアクティビティ②　サイコロトーク

　サイコロを振って決まったテーマをもとに，ペアトークをする活動です。どのようなテーマになっても話しやすくなるように，自己紹介カードの項目から六つのテーマを選んでおくとよいでしょう。

　子どもたちが話している間，特に"話の聞き方"に注目しながら机間巡視をします。友達の目を見たり，うなずいたりしながら話を聞いている子どもの姿が見られたならば，写真などにおさめておきましょう。1回目のペアトーク後に，写真を見せながら「ついこの写真を撮りたくなってしまいました。なぜでしょう」と問い掛けることで，話を聞くときのポイントを子どもたちの言葉で確認することができます。その後の二回目のペアトークでは一回目よりも多くの子どもたちの聞く姿に望ましい変化が見られるはずです。

★ 話す準備はピラミッド・チャートで！

　人前で話すことに慣れていない3年生。サイコロトークで自分のことを伝えるために，準備の時間を確保してあげることで安心して話すことができるでしょう。準備の際に，便利なツールが「ピラミッド・チャート」です。ピラミッドの上から順番に「1番伝えたいこと（～です）」「理由（～からです）」「根拠・エピソード（例えば～）」を書いていきます。

　作成したピラミッド・チャートを友達に見せながら発表することで，発表者の話の内容がよりわかりやすくなります。活動のねらいに応じて，取り組み方を工夫してみられるとよいでしょう。

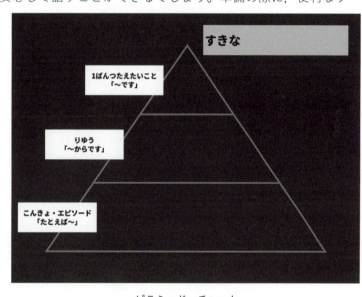

ピラミッド・チャート

【参考文献】
- 福山憲市著『どの子も漢字の時間が待ち遠しくなる！　漢字定着5システム指導法』明治図書

授業開き

社会
3年生社会科学習の見通しづくり

井上 伸一

　初めての社会科学習のスタートです。社会科では何をどのように学ぶのか，最初の授業でつかんでおきます。3年生の社会科は，その後高学年，中学校，高等学校の社会科学習へとつながる教科です。教え込みによる学習や用語の習得だけの学習ではなく，自ら調べ，自ら考え，そして協働的に学ぶことのできる社会科学習を目指して，進めていきます。

⭐ **ポイント～教科書の表紙を使った社会科学習の見通しづくり～**

　人生における最初の社会科の授業では，3年生の社会科教科書の表紙を教材として，社会科では「何を学ぶのか」という学習内容と，「どのように学ぶのか」という学習方法（→）の見通しをもたせましょう。

❶ 問いの設定

T：3年生の社会科では何を学びますか。予想してみましょう。
C→ ● 問い「3年生の社会科では何を学ぶのだろう」をノートに書く
　　● 予想するが，正解はわからない

❷ 調査活動その1

T：教科書の表紙には，3年生の社会科で学ぶことが載っています。何が載っているか調べましょう。
C→ ● 教科書の表紙を調べる
　　● 調べたことをノートにまとめる
　　例：「身近な地域や市区町村の様子」，「地域に見られる生産や販売の仕事」，「地域の安全を守る働き」，「市の様子の移り変わり」にかかわる写真（絵）
　　　バインダーを持っている子どもの写真→見学による調査活動

❸ 調査活動その2

T：調べた教科書の表紙写真と目次を比べて，関係する内容を調べましょう。
C→ 教科書の目次を調べ，調査活動その1でまとめた内容と目次の項目を関連づける
- 調査活動その1でまとめた内容と目次の項目を線で結び，ノートにまとめる

❹ 思考活動

T：なぜ，それらの内容を学ぶと思いますか。
C→ ・調べてわかった学習内容について，学ぶ意味を考える
  例：身近な地域や市区町村の様子やそこでの人々の生活がよくわかるから
- 自分の考えを，ノートにまとめる

❺ ふり返り

T：地図帳で自分たちの地域の場所を確認しましょう。
T：今日の学習をふり返り，3年生の学習で学びたいことをまとめましょう。
C→ 地図帳で位置を確認する
- 3年生の社会科学習で，特に学びたい内容について，本時の学習を根拠にふり返りをノートにまとめる
  例：自分たちの住んでいる地域（市区町村）のことについて勉強したい

⭐ 基本の社会科ノート構成

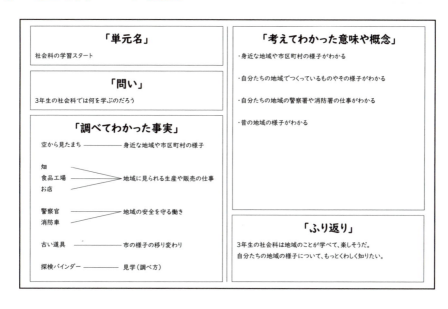

算数

みんなで愉しめる算数授業開き

小林　秀訓

⭐ **ポイント**

❶ クラスの一人一人が安心して授業ができるように

　授業開きのころは，まだ，クラスにどんな人がいるのか，どんな先生なのかなど，不安なことでいっぱいです。そんな状況のなかで「間違うこと」は子どもなら誰しもが避けたいことでしょう。友達が間違えたこと揶揄する子どもがいた場合は，早い段階で指導を入れ，全員が気持ちのよい教室環境，授業をつくっていくことを確認しましょう。

❷ 全員参加の授業開きに

　得意・不得意がはっきりと分かれる算数科。新年度，「今年こそは，がんばるぞ」と意気込んでいる子どもが多いはずです。そんな授業開きの段階だからこそ，全員が同じ"土俵"で愉しめる教材を用意したいものです。低学年期の既習内容を用いた教材の活用がおすすめです。

❸ "褒め"に"褒める"授業開きに

　子どもたちの具体的な行動を見て，"褒め"に"褒め"ましょう！

「しっかりと考える姿が素敵だね」

「友達の考えにうなずく反応がいいね」

「ノートの字がきれいだね」

「図や言葉を使って説明してくれたからわかりやすいね」

　子どものよい姿やこれから育んでいきたい姿などを見取り，価値づけることを継続していくことにより，子どもたちのなかでそれらの姿を意識するようになっていきます。大切なことは，同じことを一定期間，価値づけ続けることです。

　いつから価値づけていきましょうか？　もちろん，授業開きからでしょう！

★ 授業開きおすすめ教材

❶ 観覧車のなかに数を入れよう

右図の○のなかに1から9の数を入れて，縦，横，ななめをたしてすべて15になるようにしましょう。子どもの実態に応じて，15という数字を示さずに「同じ数にしましょう」としてはじめてもよいでしょう。

なかなか答えにたどり着けない場合は，右図下のような図をヒントとしてみましょう。

2・3年生の場合は計算の習熟という観点の学習となり，5年生なら平均と関連づけた学習とすることも可能です。

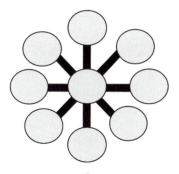

❷ 五つのパーツで○○を作ろう

「右の五つのパーツを用いて，好きな形を作ろう」と投げ掛けます。

子どもたちは，ヨット，ハート，ロケット，花びんなど様々な形を作りだします。「友達の作ったものをモノマネして作ってみよう！」といった活動も盛り上がります。

「五つのパーツを用いて，今まで習った図形を作ろう」
「（完成した形から）できるだけ少ないパーツを動かして違う形を生み出してみよう！」
と子どもたちに投げ掛けてみてもおもしろいでしょう。私のおすすめは，
「五つのパーツを用いて，Ｆを作ろう！」

パズルを活用した授業開きで，試行錯誤を楽しむ子どもたちの姿が見られますよ。

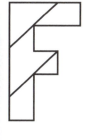

理科

安全第一，準備万全で，ドキドキとわくわくをもたせよう♪

授業開き

仲井　勝巳

⭐ ポイント

❶ 大切なのは安全第一！自然に親しみ，ドキドキをクラスで共有♪

　小学３年生の理科は，理科室ではなく教室で取り組むことがほとんどです。昆虫や植物を育てて観察したり，豆電球の実験をしたりします。そのなかで，最も大切なことは，安全面における指導です。外の観察で，虫に刺されそうになる，虫眼鏡で太陽を見ようとする……子どもたちには，安全に取り組めるように，実験や観察するときのルールを設定しておきましょう。子どもたちを指導するときに，以下のルールを守るようにしておくとよいですよ。

> □先生の話を聞くこと（観察や実験の説明は，特に大切です！）
> □ふざけないこと（ハチの巣に石を投げてはいけないことなど）
> □教室で生物を育てるときは，大切に育てたいという気持ちをもつこと（生命尊重の視点）

❷ 理科の授業は準備で決まる！

　理科の学習内容は，実験が多いＡ分野と観察が多いＢ分野があります。各学期で学ぶ内容を把握しておきましょう。教科書によっては，学ぶ内容の順番が異なります。

　実験で豆電球を取り扱うときには，必ず予備実験をしましょう。豆電球を電池ではなく，コンセントにつなげてしまう子どももいるかもしれません。実際に子どもたちがどのように実験を行うのかをイメージして予備実験をすると授業構築がしやすくなります。

　観察では，ヒマワリなどを種から育てたり，カブトムシを幼虫から育てたりします。近年，不安定な気候によって植物が育たなかったり，カブトムシの幼虫がサナギになった後で命がつきたりすることもあります。そうなったとき，子どもたちにどのように声を掛けたり指導したりしますか？　生き物を育てることで，道徳の命の尊さを学ぶ機会にもなります。なお，学級園などで早めにいくつかの種を撒いておくと，発芽や開花時期を調整することも可能です。早めに育った植物を見て指導内容を考えることができ，もしものときの保険になります。

★ 物知り博士は誰かな？ゲームで授業開き♪

　子どもたちの身近には、科学がいっぱいあります。普段の生活と理科での学びがつながると、子どもたちの興味関心はぐっと高まり、学びが深まることがあります。

〈おすすめゲーム：物知り博士はいったい誰なのかな？〉

　例えば、理科の時間に花の種を植えて育てることがあります。ただ育てるだけではなく、子どもたちが今までに見たことがある種を、観察カードの裏などに、いっぱいかかせてみてください。その際、五分間で、どれだけの種を見たことがあるのか、どんな形をしていたのかを絵や言葉でかかせます。その後、みんなの前で発表する機会をつくり、興味関心を高めてから、「実はね、みんなが発表してくれた種を先生は今、いくつか持っているんだよ。本物を見て観察してみよう！」とすると、子どもたちは、意欲を高めて観察することでしょう。子どもたちがすでに知っていること、経験していることを生かした授業を展開することで、"科学する目"が日に日に養われていきます。

★ 観察カードは絵や文字でかいて、文章化してみよう♪

　生き物の観察をするときに、子どもたちに絵を描かせ、わかったこと・気づいたことを文字で書かせることがあります。絵を描くことが苦手な子もいれば、文章を書くことが苦手な子もいます。絵を描くことが苦手な子には、色、形、大きさなどのキーワード（言葉）を書かせます。すると、文章を書くことが苦手な子も、キーワード（言葉）をもとに文章化することができるようになります。観察カードは、絵・文章どちらか得意な方法で取り組ませてみるとよいでしょう。

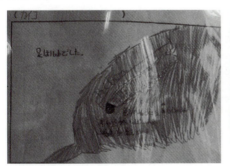

　上の写真は、小学３年生の子どもがカイコを観察したときのものです。カイコの大きさ、足の数などのキーワード（言葉）を絵にも書いた後、「わかったこと」で文章化しています。

|授業開き|

音楽

新しい仲間や楽器との出会い
歌って遊んで仲良くなるきっかけを！

土師　尚美

⭐ ポイント

❶ 音楽室で発見

　中学年になって初めて音楽室を使う学校もあるでしょう。音楽室には今まで触ったことがない楽器がたくさん置いてあります。自由に触ることができるようにセッティングしておきましょう。「音楽室で発見したことを後で発表してね」と言って発見タイムをとります。楽器をじっくり眺めるもよし。置いてあるバチで優しく音を鳴らすのもよし。壁に貼ってあるものを見るのもよし。子どもたちはいろいろなことに興味津々です。「あの楽器を使ってみんなで演奏してみたい」「音楽会で６年生が使ってた楽器だ」……これから音楽室でどんなことをするのかわくわくすることでしょう。

❷ 音楽が上手になるために必要なこと

　やる気満々の新学期。どの子も目を輝かせて音楽室にやってきます。「音楽が上手になるために必要なことは何だと思う？」と質問してみましょう。「たくさん練習する」「口を大きく開ける」「楽譜を覚える」と様々な答えが返ってきます。「どれもおしいけど，一番ではありません。正解はよく『きく』ことです」と伝えます。「友達の音や自分の音を聴く。先生や友達の話を聞く。これが音楽が上手になる近道です。音楽が上手になりたい人はよく『きく』ことを忘れないでくださいね」と話をします。

❸ 持ち物確認

　音楽室に来るときに必要なものを確認します（例：教科書・リコーダー・ファイル・筆記用具）。これらを音楽バッグに入れて持ってくるように伝えます（あらかじめ学年だよりなどで必要なことを保護者に伝えておきましょう）。教室では，音楽バッグに持ち物を入れた状態で個人のロッカーに入れたり，フックに掛けたりしておくことで忘れ物防止につながります。また，廊下を歩いているときにリコーダーを落としてしまうこともなくなります。もちろん忘れた子のために，筆記用具や教科書のコピーなどの予備を準備しておくこともお忘れなく！

⭐ リコーダーの演奏を聴いてみよう

　3年生になってみんなが楽しみにしているリコーダー。教師の生演奏を子どもたちに聴かせてみることからはじめましょう。リコーダーに自信がある人は，素敵な演奏を聴かせ，子どもたちを驚かせてもいいですね。リコーダーが苦手……という人も大丈夫！「リコーダーが苦手なんだけど，みんなに聴いてほしくて一生懸命練習しました」「緊張して震えてしまったけど，聴いてくれて嬉しかったよ。これから一年，先生もみんなとリコーダーを練習していい音を鳴らせるようにがんばるよ」と想いを話しましょう。自分たちのためにがんばってくれる先生を嫌いになる子はいません。「この一年楽しくなりそうだな」と思ってもらえることでしょう。

> - CM曲やアニメの主題歌など，子どもたちが知っている曲を選ぶ
> - 伴奏を鳴らしながら演奏すると上手に聴こえる
> - 「もう少し聴きたい」と思える長さの曲にする

⭐ わらべ歌「さらわたし」

♪さらわた　さらわたし　静かにわたせ　こがねのように　おにのしらぬうちに（いいよ）

　5〜6人のグループになり，鬼を一人決めます。鬼以外の子は円になり中央を向いて座ります。鬼は円の中央に入り，最初はどこに宝物（消しゴム，ハンカチなど）が回っているかを見ても構わないので，歌の最後（波線部分）は目を瞑ります。その間も周りの子たちは宝物を回し続けます。「いいよ」のところで周りの子は全員手を後ろにし，鬼が目を開けて誰が宝物を持っているのか当てます。

〈ルール〉

　何度か歌を歌いましょう。その後，歌いながら拍に合わせて宝物を回す練習をします。そして，鬼を決めて何度も繰り返し遊んでみましょう。宝物を回すときに周りの子と協力したり，誰が宝物を持っているのか当てるときに相手をじっと見つめたり……。まだ名前を覚えていない子であっても自然と笑顔がこぼれます。同じ拍を感じる心地よさが仲間と一緒にいる心地よさへとつながっていきます。

授業開き

図画工作

基礎的技能のクライマックスへ！

松井　典夫

⭐ ポイント

❶ ルールを守る意識づくり

学校生活にも十分に適応し，元気が溢れる3年生。得てして，ルールを度外視して，感情の赴くままに活動しがちです。そこで，ルールを守る意識をつけることが大切です。

❷ 学習に向かう態度の形成

教科に共通する「学びに向かう力」は，図画工作科においても大切な力です。「遊ぶ」のではなく，「活動し，チャレンジし，学ぶ」という姿勢を身につけることが大切です。

❸ 技能のふり返り

3年生は，発達的には低学年を終えようとする過渡的な位置です。これまで身につけ，体験してきた技能をふり返り，新たな表現へと進むチャンスの学年と言えます。

⭐ 基礎的技能のクライマックスへ

低学年では，幼児期の「遊び」を生かして「造形遊び」をする活動を多くもち，活動のなかで素材体験や巧緻性を育むことが望まれます。体験のなかで「身近で扱いやすい用具」に慣れることを目標にしてきました。そして3年生になり，基礎的技能のクライマックスを迎えると考えましょう。立体や工作に表す活動のなかで，切る，接合する，結ぶなど，身近な用具を用いて表現しようとしてきた積み重ねから，いよいよそれらの基礎的技能を「いつ使うのか」「どう使うのか」「どのように組み合わせるのか」という問いを自身に投げ掛け，「基礎的技能」を「創造的技能」へと発展させていくのです。3年生ならできる！　そう信じて取り組んでいきましょう。では，具体的にはどうすればいいのでしょうか。

⭐ 今，どんなことができるかな

　授業開きでは，まずこれまでの技能を思い出し，自身の思いを表現するための技能をどれだけ習得してきたか，ふり返りのポートフォリオを作ってみましょう。できれば，低学年の頃に作成した個々の作品の画像があればいいです。
　①作品の画像，②作品のタイトル，③使った用具とその使い方，④工夫した点
などを記し，ポートフォリオファイルを作成しましょう。それは子どもたちの，経験と成長，そして学習の過程です。自分たちにとって「今できること」はこれなのだという意識をもたせることが重要です。そして３年生では，それらを単なる用具として見るだけではなく，表現の材料として見ることができるように仕組んで授業設計しましょう。ポートフォリオができたら次の活動に移ります。

⭐ こんなことができる！

　これまでの基礎的な技能として，用具ではハサミなどの簡単な小刃類や，クレヨン，パス，絵の具などを活用してきました。例えばクレヨンは，絵に表すための「用具」という概念を超えていくものではありませんでした。また，ハサミは紙などを切るための便利な用具でした。そこで，子どもたちの目の前に，クレヨンと画用紙，そしてハサミとカッターを提示します。そしてこう提案しましょう。
　「これまでに経験したことのない使い方を考えてみよう」
　子どもたちは，用具や材料に問い掛け，自身の表現してみたいことを考えながら，材料や用具と対話し，思い思いにチャレンジをはじめます。それが，技能を創造的に扱う芽生えとなっていきます。この体験が，高学年に向けての基礎的技能のクライマックスへと向かうのです。新たに発見した表現や方法は，ポートフォリオに画像とともに加えていくことを伝えましょう。
　技能は，上達して物をうまく作るためのものであるという考え方だけでは狭義だと言えます。それは，自身の想いや自分らしさを表現する「相棒」であり，いかようにも姿や形，性格をも変えて自身を助けるものなのです。

【参考文献】
● 文部科学省「小学校学習指導要領（平成29年告示）第7節　図画工作編」

授業開き

体育

楽しく集合！楽しく整列！

西岡　毅

⭐ ポイント

❶ ケガ「0」を目指して

　体育授業では安全が最優先です。授業開きでは，運動場や体育館での基本的なルール，安全に運動するための注意点をしっかりと教えることが重要です。また，事故を防ぐための具体的な行動例を示し，子どもたちが安全に運動を楽しむための意識を高める必要があります。

❷ 協力とコミュニケーションの大切さ

　ペアやグループで行う運動を通じて，協力とコミュニケーションの重要性を教えます。例えば，フープを使った簡単なゲームを行い，他者と協力する楽しさと必要性を実感させます。このような活動を通じて，子どもたちは自然にコミュニケーションをとり，互いの意見を尊重しながら目標を達成する方法を学びます。協力することで，運動がさらに楽しくなり，達成感も得られるため，チームワークの大切さに気づくことができます。

❸ 多様な運動経験の提供

　多様な運動経験を提供し，子どもたちが楽しみながら体力をつけるようにしていくことが重要です。体育科には，様々な領域があります。多様な運動経験を提供するために一年間のスケジュールを子どもたちに示し，見通しをもたせて，学習に取り組ませるようにしていきましょう。

❹ 授業をスムーズに回すための整列と集合

　授業時間を有効に使うため，集合や整列を迅速に行うことで準備や説明の時間を短縮し，運動に充てる時間を最大化することができます。安全確保の観点からも，迅速な集合と整列は重要です。混乱が少なくなり，事故のリスクが減少します。教師は効率的に指導を行うことができ，授業全体のリズムが保たれ，子どもたちが安全で楽しく学べる環境が整います。

⭐ 集合を楽しく習慣化

❶「どこでもいいから壁（遊具）にタッチをして先生のところに集まりましょう」

　子どもたちは，一斉に走り出し，素早く集まってきます。

❷「次は，違う壁（遊具）にタッチをして先生のところに集まりましょう」

　教師は，❶と違う場所に移動します。そのなかで，わざと足の速い子どもから離れ，運動が苦手な子どもの近くに寄ってあげると，運動が苦手な子どもでも楽しく集まることができます。

❸「○○をして戻ってきましょう」

- 黒色の物にタッチしてから戻ってきましょう
- スキップして戻ってきましょう
- 二人で手をつなぎながら，壁（遊具）にタッチして戻ってきましょう　等々

　様々なバリエーションを増やして，集合の仕方を楽しみます。「○○」に入る言葉を子どもたちに尋ねて決めてみてもいいでしょう。

⭐ 整列を楽しく習慣化

　整列の仕方を楽しみながら学習していきます。年度当初，子どもたちは自分の並ぶ場所がわからず時間が掛かってしまうことがあります。

- ○○秒以内に「背の高さ順で並びましょう」
- ○○秒以内に「五十音順（名前の順）で並びましょう」　等々

　これから学級経営を進めていくなかで必要となる並び方を楽しく学んでいきます。また，教師の前が先頭になることを決めておき，教師が場所を移動しても素早く並ぶことができるようにしていきます。さらに，号令をしっかり聞くために「前へならえ」の号令を「前にならえ」に変えて，先頭の人が考えたポーズを真似した状態で整列をします。盛り上がること間違いありません（「へ」は方向を示し，「に」は位置を示します）。

前へならえ

前にならえ

授業開き

特別の教科　道徳
子どもの言葉を引き出す道徳授業

梼井　大輔

⭐ 授業開きのポイント

❶ 脱「お利口」

　道徳も他の教科と同様に発達段階に応じて発展していきます。当然，低学年までの道徳から授業も発展させなければなりません。では，何を発展させるのでしょうか。それは子どもの発言です。「利口」の言葉は「賢い」という意味と「要領がいい」という意味があります。低学年までの授業では前者の「利口」を発表することに意味があります。目指すべき道徳的価値を共有できるからです。しかし，中学年からは相手や集団を意識するようになっていきますので，低学年までと同様に「利口」な発言で授業を進めると，教師の望む要領のいいことを発表しているように子どもが感じてしまいます。ですから，3年生の道徳では脱「お利口」を目指した授業が不可欠になります。

❷ 生活の言葉を取り入れる

　では，どうやって脱「お利口」を図るのか。それは「生活の言葉」を授業のなかに取り入れることで図ります。教室はいろいろな言葉にあふれていますが，右図の階段のように言葉のレベルを上げながら，各教科で学ぶべき言葉（「教科の言葉」）を獲得していきます。授業中，普段はよく話すのに発表できない子どもがいます。それは，授業中は「授業の言葉」を使用するため，「生活の言葉」では参加しづらいのです。グループで話し合わせると子どもたちがよく話すようになるのは「生活の言葉」を使用しやすいからです。「生活の言葉」は子どもの本音が出やすくなるので，授業中に「生活の言葉」が出やすくなるように，ペアやグループによる活動を取り入れるようにします。

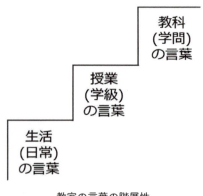

教室の言葉の階層性

062

❸子ども「らしい」発言を価値づける

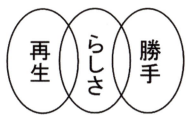

再　生：授業の流れ（文脈）に沿って既存の
　　　　知識や技能を表出したもの
らしさ：授業の流れ（文脈）に反応したもの
　　　　（その子ども「らしさ」）
勝　手：授業の流れ（文脈）を無視したもの

子どもの発言の特徴

　子どもたちがペアやグループ活動で「生活の言葉」で話し合っても，話し合った内容を全体の場で発表するとなると「授業の言葉」の場に立つことになります。そのような場で発表するのが得意な子どももいれば苦手な子どももいます。苦手な子どもの場合には教師の支援が必要となります。子どもの発言は，上図のように三つで捉えることができます。授業の流れに沿った「再生」「らしさ」の発言と，流れを無視した「勝手」な発言です。「再生」の言葉を重宝すると，子どもたちが「お利口なことを話すといいんだ」と感じる授業になります。「勝手」な発言のように思えても，「らしさ」の発言として授業の流れに沿いながら価値づけることもできます。授業では「らしさ」の発言が大切なんだと意識し，授業を進めていきましょう。

⭐ みんな違って，みんないい

　授業開きでは学級の実態に合わせて，読み物教材文を使うか自主教材文を使うかを選択します。大事なのは，クラス全員の本音を表出させられるかどうかです。
　本音を表出させるのは，授業の中心発問の場面です（中心発問のつくり方については，p.198〜の「授業づくりのポイント　特別の教科　道徳」を参照）。この中心発問を通してクラス全員の本音を聞くことになります。
　本音の聞き方のコツは「スモールステップを踏むこと」です。いきなり，「本音を言いましょう」と言われても言えるものではありません。個人で考えさせる場合，まずはワークシートやノートに意見を書かせます。書いた意見に対し，教師は丸等で評価をします。丸をつける際には，「おもしろい！」「これは初めて出た意見だ！」のように価値づけます。その後，その意見を黒板に書くようにします。グループで考えさせる場合も，まずグループ内で意見を出し合わせます。そして，それぞれの意見をミニホワイトボードなどに書かせた後，黒板に貼るようにします。
　授業開きのときは，質よりも量です。出てきた意見の数をクラス全員と確認し，「これだけいろんな考え方ができるんだね」と多面的・多角的に考えられることを評価しましょう。誰かに合わせて同じ意見を言うのではなく，自分の考えをそれぞれが表明することで授業は深まっていくのだという感覚や感想を子どもたちにもたせられるといいですね。

第2章　成功するロケットスタート！　小学3年の学級開き＆授業開き　063

外国語活動

わくわく！初めての外国語活動授業開き

中嶋　来未

⭐ ポイント 〜「外国語っておもしろそう！」そう思えるスタートを切るために〜

❶ 数ある外国語のうち，なぜ英語を勉強するの？

　「韓国語，アラビア語，インドネシア語など，世界にはいろいろな言語がありますが，公用語として話されているのは英語が１位です。だから英語を勉強するとたくさんの人とつながることができます」と，英語を学ぶことの理由をきちんと説明することで，子どもたちも納得して学習に向かうことができます。

❷ 英語を学ぶことは，世界への扉を開く！

　「日本で一生暮らすから，英語はできなくてもいいや。翻訳アプリもあるし」そう思っている子どももいるでしょう。そのため，「情報が得やすくなるよ」「海外の映画や音楽が楽しめるよ」などと，英語を学ぶメリットを伝えても，あまりピンと来ない子どももいます。そこで，端的に **「外国語を知ることは，とっても楽しいよ」** と伝えましょう。

Ｔ：間違えてもオッケー！　目を見て笑顔で挨拶をすることからはじまるよ！　ジャスチャーをしたり，知っている単語を並べたり，時にはアプリも使って相手に伝えようとする姿勢が大切なんだよ。これから，駅，旅行先，オンラインゲーム，様々な場所で世界の人と出会うことがあるでしょう。そのときに，英語が話せると，とても楽しい時間をつくることができます。先生もまだまだ勉強中です。一緒に楽しんで勉強していきましょう！

⭐ まずは，英語で自己紹介 〜スライド＆ジェスチャーつきが Good〜

　「今から英語で自己紹介をします。何が好きって言ったか，わかった人は手を挙げてくださいね」とクイズにしてからはじめます。例えば，"Hello. I'm Kurumi. I like Takoyaki. I like yellow. I like playing the piano." と，大きな声でゆっくり話します。挨拶，名前，好きな物三つ（食べ物，スポーツ，アニメ等）の流れを示すことで簡単に作成することができます。

⭐ 英語で「じゃんけん」 ～挨拶をしてからやってみよう！～

　まずは隣同士で行い，ルールや方法を確認します。慣れてきたら，「Hello と元気に挨拶をしてから，じゃんけんをしましょう。三人とじゃんけんをしたら座ってください。ポイントは三つ。『相手の目を見ること』『笑顔を見せること』『手を振ること』です」と ALT（または子ども）と見本を見せてからスタートします。

　「次はレベルアップです。Hello の後に，I'm【下の名前】を言ってからやってみましょう。三人とじゃんけんをしたら座ってください。さっきよりも元気にじゃんけんしましょうね！」と伝え，場を盛り上げましょう。

⭐ 英語の歌を歌って楽しく finish ♪

　１か月位ごとに歌を変えると，飽きることもなく，休み時間に口ずさむ子が出てきたり，「次は何の曲？」と聞いてくる子が出てきたりします。曲は，ロイロノートなどで送り，家でも聞けるようにします。２時間目以降は，授業の最初に歌い，授業の流れをつくります。

⭐ Simon says ～英語を聞いて動いてみよう！～

　ルールは日本語を交えて説明します。

Ｔ：“Are you ready?” と聞くので，準備ができていたら “Yes, I'm ready!” と元気に言ってください。“Simon says” の後に続ける言葉を体で表現してくださいね！

　例えば，「Simon says, jump!」（全員，その場で跳び続ける），「Simon says, stop!」（全員，跳ぶのを止める），「jump!」（Simon says と言っていないので，ここで跳んでしまったら失敗）のように進めていきます。「touch your nose」「sit down」「dance」「swim」等，色々な動作に挑戦させてみましょう！

　初めての授業では，不安に思っていた子も「意外と楽しかった！」「次の授業も楽しみ」と思えるように，子ども同士のやりとりを通して，「話せた！」と少しでも達成感を感じられるような活動を設定します。また，他の教科と同様，できたときには思い切り褒めましょう。最後には，感想を聞いたり，ふり返りの時間をとったりし，次の時間につないでいきます。

【参考文献】
● 田中克彦著『ことばと国家』岩波書店
● UNFPA「世界人口白書2024」

第3章

小学3年の学級づくり&授業づくり
12か月の仕事術

学級づくりのポイント

授業づくりのポイント

学級づくりのポイント

4月　5月　6月　7·8月　9月　10月　11月　12月　1月　2月　3月

今月の見通し

子どもや保護者との出会いを大切にする

福水　雄規

今月の見通し

学校行事
- 始業式…学級開きへの対応
- オープンスクール①…授業参観
- 1年生を迎える会

学年・学級
- 学級（学年）懇談会…一年の期待を込めて
- 合言葉探し【学級目標につながる】

家庭との連携
- 個人面談…進級してからの様子報告と家での様子の交流
- 学年（学級）だよりの発行と Google フォームなどの活用で保護者のニーズ把握

他
- 進級・クラス替えによる期待と不安の解消

　4月は，新学年のスタートとして，クラスの基盤を築く大切な時期です。始業式や入学式を通じて新たな気持ちでスタートを切り，学級開きでは，子どもたちに期待感をもたせましょう。自己紹介リレーや目標づくりなどのアイスブレイク活動を通して，「〇〇先生ってこんな先生か！」「明日も学校来たいな！」などの期待感をもてるようにします。そうすることで，子どもたちが安心して学べる環境を整えます。

★ スタートの4月！子どもたちと共に成長していくために

❶ 学級開きで一年のキーワード見つけをする

　学級開きでは，クラスのルールや年間の目標となるキーワードを，教師の語りや子どもたちの願いから一緒に探していきます。以下に，具体的な手順の一例を挙げます。

〈具体的な手順の一例〉

- キーワード見つけ：子どもたちと「どんなクラスにしたい？」「どんな自分になりたい？」

などを話し合い，クラス目標を決めていきます。

過去の経験をふり返りながら，「友達と協力したい」「楽しい時間をつくりたい」などの意見をもとに，ルールづくりを行います。子どもたちが意見を出しやすいような雰囲気づくりや，状況に応じて意見を整理し，話し合いの進行役としてサポートを行います。

- 目標設定：学期ごとや月ごとの目標を設定し，達成に向けてクラス全体で努力する姿勢を育みます。目標は具体的で達成可能なものであることが重要です。
- 視覚的なツールの活用：ルールや目標を視覚的にわかりやすく掲示し，子どもたちが常に意識できるようにします。子どもたちが手作りすることで，より親近感や愛着が湧いてきます。

❷ 自己紹介とグループ活動

新しいクラスメイトとの関係を深めるために，自己紹介やグループ活動を行います。子どもたちの間に信頼と親しみが生まれ，クラスの団結力が高まります。

〈具体的な活動例〉

- 自己紹介カード：子どもたちが自分のことを紹介するカードを作成し，クラス内で共有します。クイズ形式にしたり，掲示したりしてお互い見合うのもいいですね。
- グループゲーム：自己紹介リレーや３ヒントクイズ（好きな○○）などの簡単なゲームで，お互いの名前や趣味を知る機会をつくります（上図）。

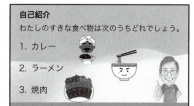

❸ 学級懇談はアンケート形式で家庭との連携を

新学期のスタートにあたり，学級懇談などを通じて保護者との関係づくりを大切にします。

〈ポイント〉

- 子どもの様子の報告：新学期の子どもの様子や学習態度を具体的に伝えます。写真や動画などで共有してもいいでしょう。
- 家庭でのサポート依頼：保護者に家庭での学習環境整備や生活習慣の見直しをお願いします。
- 保護者のニーズの把握：学級・学年だよりにQRコードをつけ，アンケート形式で保護者の要望を収集することで，保護者のニーズを把握しやすくします。

★ 子どもたちのがんばりをたくさん見つけ，褒めて育てる

新学期のスタートをきる４月は，子どもたちにとって新たな挑戦と成長のはじまりです。クラスの目標設定やルールの確認，仲間との関係づくりを通じて，子どもたちが安心して学びに向かえる環境を整えます。そして，子どもたち一人一人のよさを探し，「褒めて育てる」ことを徹底しましょう。４月は子どもをじっくり「観る」ことを大切にしていきます。

学級づくりのポイント

4月

30分で三つの顔をもつ
ドキドキわくわくの「始業式」

日野　英之

⭐ ほんとのほんとの出会いの場

　始業式。子どもと担任との最初の出会いの場。校歌斉唱からはじまり，時間にしてたかだか30分の式典。ですが，「担任発表」という子どもにとって一年で最大の関心事が含まれており，単なる子どもと教員の関係が教え子と担任の関係へと大きな変化をもたらす30分間です。子どもにとっても，担任にとってもわくわくドキドキの始業式。どのようなことに注意し，どのような心構えで臨めばよいのでしょうか。

⭐ 三つのタイミングと三つの観点

　前述のとおり時間はたかだか30分ですが，30分の間で担任の先生は「担任前」「担任発表時」「担任として」の三つの顔をもつことになります。ここでは「担任前」「担任発表時」「担任として」のタイミングでどのようなことを観る，または心掛けるとよいのかを紹介していきます。

❶ 担任前

　教師側は当然ながら，3年生を受けもつこと，どの子どもを受けもつかを把握している状況です。ところが，子どもからすればあなたを担任として見ていない，いわば「ただの」学校の一教員なわけです。だからこそ成し得ることは「じっくり観察」です。どのような雰囲気の学年なのだろう，噂のあの子はどんな子なのだろうとじっくり観察しましょう。子どもからすれば，あなたが自分の担任になることなんてまったく考えていない状態です。あなたの存在，あなたの視線など気にしていません。「他人」だからこそできる十数分間の時間を有意義に活用し，心と体の準備を整えましょう。

❷ 担任発表時

　さぁ，いよいよ始業式最大のイベントである担当・担任発表です。校長先生から「○年○組○○先生」と全体の場での紹介があることでしょう。当該学年の子どもにとっては初めて単な

070

る「学校の一教員」だった人が「学年担任」へと変わる瞬間です。「人は見た目が９割」「第一印象がすべてを決める」というように，ここでのあなたの振る舞いが少なからず今後に影響することは言うまでもありません。表情は？　挨拶の声の大きさは？　振る舞いは？　印象のよいあなたらしさを見せることができるのはどんな姿ですか？　あなたらしいアピールで子どもの心をグッとつかみましょう！

❸ 担任として

　学年に分かれて「学年開き」となります。いよいよ３年生児童の一年間を決めると言っても過言ではない学級担任確定の時間です。緊張ドキドキの瞬間です。教員は子どもが思っている以上に子どもの情報を持ち合わせてはいないのですが，子どもは自分のすべてを把握しているぐらいに思っています。ここでは，**「緊張を解きほぐす意識」**をもつことを心掛けましょう。名前を呼んだ後に「よろしくね」と笑顔で握手やハイタッチをするだけで十分です。少しのコミュニケーションで緊張はほぐれるものです。当たり前ですが，人によって呼ぶ声のトーンや起こすリアクションに軽重をつけないこと。子ども側から見て「あなたでよかった」と思える「あなた」の対応をしっかりと準備しておきましょう。

〈学年開きの主な流れ〉
①学年担任発表・自己紹介
- 子どもたちがこの一年楽しく過ごせそうだなと思う演出を「学年団」として心掛ける。
　（例）学年団が協力しないと成し得ないチャレンジ（けん玉大皿連続成功等）
②クラス分け
- 先生も子どもたちもみんなが気持ちよくスタートできるように大きな歓声やがっかりな声を控えるように事前に指導を。
③学年目標・学年ルールの発表
- 学年目標は子どもたちの印象に残るよう端的な言葉を用いる。
- 学年ルールは２年時のものからかけ離れたものにしないように，引継ぎを十分に。

⭐ 個人プレーは控えましょう

　発表時にあなただけが，子どもたちから羨望の眼差しを受け，「あの先生が担任がよい！」なんて思いこませてはいけません。ましてや経験の浅い先生と組んだ際にはなおさらです。みんなが明るい気持ちで新年度のスタートが切れるように，学年団で協力して始業式・学年開きを進めていきましょう！

第３章　小学３年の学級づくり＆授業づくり　12か月の仕事術　071

| 4月 | 5月 | 6月 | 7・8月 | 9月 | 10月 | 11月 | 12月 | 1月 | 2月 | 3月 |

4月

子どもとの出会い・かかわり方

井上　伸一

　3年生のスタートです。明るく前向きな見通しがもてるよう，よき出会いと一年間のかかわり方について，取り組みを工夫していく必要があります。工夫するうえで一番大切な視点は，一人一人の子どもが集団とのかかわりのなかで取組を進めていく環境を整えることです。その際，担任や友達との初めての出会いに不安感をもつことがないよう，個に寄り添った指導を心掛けるようにしましょう。

★ 3年生のよき出会いと今後のかかわり方のために

　3年生の発達段階は，自分本位から，自分自身と他者との関係のなかで物事を捉え，行動することができるようになってくるころです。3年生のすばらしいスタートをきるための出会いとかかわり方のポイントは，次の三つの視点です。

〈3年生のすばらしいスタートをきるための三つの視点〉

□3年生の担任とのかかわり方の見通し
　3年生の「自分づくり」のために，担任とのかかわり方の見通しがもてるよう，担任としての指導基準を明確化します。

□3年生の仲間づくりの見通し
　3年生での新しい友達関係を築くために，安心できる見通しがもてるよう友達とのかかわり方を考える場を設定します。

□3年生集団のなかでの自分づくりの見通し
　3年生集団のなかで自分はどのような成長をしていくのか，目標を決め，一年間の見通しをもたせます。

⭐ 3年生の担任としての指導基準の明確化

　3年生の担任として，指導基準を明確化します。難しい言葉を使ったり，指導基準がたくさんあったりしても，指導の効果は上がりません。「褒めること」「叱ること」を対比させ，三つ程度に絞ります。

褒めること	叱ること
友達との助け合い	友達の心や体を傷つける
自ら進んで仕事や学習をする	やるべきことをやらない
きまりを守る	きまりを破る

⭐ 仲間づくりの第一歩

　低学年のとき以上に，集団を意識するようになる3年生です。初めての集団のなかでは，緊張することも多いはずです。構成的グループ・エンカウンターに取り組み，自他を知る場を構成します。簡単なアイス・ブレーキングをした後，「じゃんけん自己紹介」に取り組みます。「じゃんけん自己紹介」は，友達同士でじゃんけんをし，勝った方が，自分のよさや強み（得意なこと，がんばっていることなど）を相手に伝え，負けた方が，そのよさについて肯定的な感想を言います。活動の最後は全体で感想を交流します。

⭐ 3年生集団のなかでの目標づくり

　個人の目標を立てさせる際には，「新しい集団のなかで，自分が友達と共にやり遂げたいこと」を目標として設定します。例えば，「学習のふり返りのなかで，友達のよさを見つける」や「係活動を友達と協力してやりとげる」といったことです。自分のタブレット端末に書き込み，いつでも見られるようにするとよいでしょう。

　3年生の集団としての目標は，3年生全員を集めた場（学年集会等）で決めます。4年生になるまでの3年生共通の大切な目標として，全員が意識できる目標を設定しましょう。

4月　5月　6月　7・8月　9月　10月　11月　12月　1月　2月　3月

学級づくりのポイント

4月 係活動や当番活動

井上　伸一

　3年生の係活動や当番活動は，他の友達との関係のなかで自立的，協働的に活動ができるようになる「萌芽期」にあたります。係活動や当番活動は，先生の指示待ち活動やお手伝い活動にせず，しっかりと活動の場を構成して適切な指導を続け，友達と楽しみながら自発的，自治的な活動となるように進めていくことが大切です。

★ 係活動と当番活動

　係活動や当番活動は，『学習指導要領（平成29年告示）解説　特別活動編』に次のように述べられています。
- 係活動…楽しく豊かな学級づくりのための活動
- 当番活動…学級全員で分担する清掃や給食，交代しながら行う日直，飼育，栽培等の活動

　これらの活動を通して，3年生として自分がなぜその活動をするのかという活動の意味やよさを考えさせたり，友達と協力することの大切さを理解させたりすることが重要です。

★ 係活動の種類

　主な係活動には，次のようなものがあります。

係活動の種類

レクリエーション係	学級全員が参加する遊びを企画，運営
誕生日係	誕生日会を企画，運営
学級新聞係	学級新聞を作成，掲示
学級環境保安協会	学級の安全な環境を保全
タブレット係	タブレット端末のプレゼンテーションソフトを活用し，クイズ大会などを企画，運営

⭐ 係活動の進め方

　学級会の議題として「係活動」を設定し，話し合い活動によって決めていきます。
　司会，記録，提案者，質問者を設定し，勝手に意見を言う場にならないように指導します。こうした指導の積み重ねが，子どもたちの自治的な活動を創造していくことになります。

〈係活動について話し合うためのポイント〉

□係活動への全員参加
　学級の全員で役割分担をし，活動の責任を自覚する。

□当番活動とは別
　自発的，実践的に学級を楽しく豊かにするのが係活動。交代制の当番活動とは別にする。

□各係の人数は複数で活動
　協力して楽しい学級づくりを担うために，各係の人数は複数で活動する。

⭐ 当番活動の進め方

　当番活動は次のことに配慮して指導にあたります。

○ 協働して取り組む

　給食当番や清掃分担などの当番活動は，学年や学校全体の指導計画に基づいて活動が進められていきます。当番活動の役割は明確化されているので，決まりに則り，協力して活動します。異学年との交流のなかで活動することもありますから，"上の学年から学ぶ，下の学年に指導する"といった観点を子どもたちにもたせましょう。

○ 衛生面，安全面

　給食当番や飼育当番等は，自他の衛生面に十分配慮しながら進めていかなければなりません。また，清掃場所には危険な箇所もあります。大人の目が届くように配慮しましょう。

第3章　小学3年の学級づくり＆授業づくり　12か月の仕事術　075

| 4月 | 5月 | 6月 | 7・8月 | 9月 | 10月 | 11月 | 12月 | 1月 | 2月 | 3月 |

学級づくりのポイント

4月

レク
みんなの名前を覚えよう
「名前の大冒険」

🕐 5分

ねらい クラスの友達の名前を覚えて，新しい学級でもつながるきっかけをつくるため。

準備物 なし

印藤　秀泰

⭐ どんなレク？

　新しい学年になると，新しい友達と同じクラスになることもありますね。名前も知らない友達には，なかなか話し掛けられないものです。今回のレクは，クラスの友達の名前を覚えるのにぴったりのゲームです。
　「名前の大冒険」は，友達と名前を交換するゲームです。自分の名前がどんどん変わっていきます。はたして，最後には自分の名前は誰のもとに届くのでしょうか。

⭐ レクの流れ

❶ ルール説明をしましょう。

①三分間で立ち歩いて，出会った友達と挨拶しましょう。
②挨拶したら，自分の名前を伝えましょう。「僕の名前は，○○です」
　伝え合ったら名前を交換します。
③次の友達と挨拶したら，前の友達と交換した名前を伝えましょう。

❷ ゲームをはじめましょう。

　ゲームが始まると，子どもたちは思い思いに立ち歩いて，名前を交換します。教師は，一緒に取り組みながら，自分からかかわれない子どもを他の子とつなげることを意識して子どもたちの様子を見ましょう。

❸ 出欠をとりましょう。

　三分経ったら全員着席しましょう。「では，今から出欠をとります」と言って，出席番号順に名前を呼んでいきます。子どもたちは，最後に自分が交換した名前が呼ばれたら，「はい！」と返事をします。ただ呼名していくだけでなく，「あれ，いつもと声が違うぞ？」「〇〇さんの席は左の方なのに，右から声が聞こえるぞ？」とリアクションをとると，子どもたちは大笑いします。

〈ポイント〉

❶ 失敗したときは

　はじめはなかなかうまく名前を交換することが難しく，出欠をとってみると返事のない名前や，一つの名前で２～３人が返事をすることもあるでしょう。そのときは「あれ，さっきまでいたのに，〇〇さん帰ってしまったのかな？」「〇〇さん分身したの!?　すごいね！」とリアクションすることで，クラスは楽しい雰囲気になります。教師の声掛けで，失敗もおもしろいと思える雰囲気をつくりましょう。

❷ 苦手な子どもには

　自己紹介が苦手な子どもや，新しい名前を覚えることが苦手な子どもが多いのであれば，子どもの名刺を用意します。八つ切り画用紙に「私の名前は〇〇です」と大きく書き，名刺のように交換します。こうすることで，声を出せなくても活動に参加することができ，名前を覚えなくても交換することができます。１～２回目は名刺を交換して，慣れてきたら，名刺をなくして取り組んでみるなど，段階を踏んで取り組んでもよいかもしれませんね。

4月 中学年スタートの学級懇談会

奈良　真行

★ 安心感をゲット！最初の学級懇談会

　3年生の子どもたちは，低学年に比べ学校生活にも慣れ，学習の進め方，授業での学び方が上手になってきています。保護者も同じように，宿題や連絡帳の対応などに慣れてきています。ここでまず気をつけないといけないことは，低学年のときと同じ対応で進めていけば大丈夫と思っている保護者と，中学年になったから子どもに任せれば大丈夫と思っている保護者が混在しているということです。より充実した小学校生活にするためにも，中学年の子どもの実態と傾向，その向き合い方などを共有することが大切です。

★ 保護者へ伝えておくべきこと

〈発達段階は人それぞれ〉

　「3年生になったから」「もう3年生だから」という言葉があります。担任の先生としてもそう思うことがあるでしょう。それは保護者も同じです。しかし，大前提として，「子どもの学び，育ちは人それぞれ」です。発達段階は人それぞれということをあらかじめ共有したうえで学級懇談会を進めましょう。これは，どの学年の学級懇談会でも意識する必要があることです。

〈急に手を離さない〉

　3年生になれば，子ども自身が考えて行動できるようにと願うものです。しかし，3年生になったからと言って，2年生の最後から大きく変化するものではありません。子ども自身が自分で判断してできるようなことを見つけて，徐々に任せていくことが大切です。連絡帳を毎日確認していたのならば，確認する回数を徐々に減らす。前日の用意を，1か月に何回かは口を出さず見守るなど，できそうなことからはじめてみましょう！と提言してみるとよいでしょう。

078

⭐ 保護者がホッとする時間もつくろう

　学級懇談会は何度経験しても，保護者，先生どちらも緊張するものです。1時間たらずしかない時間ですので，担任の先生の一方通行の話ばかりでは聞いている保護者も苦しくなります（1時間，一方的な話のみで充実した時間にできる力をつけようとするならば，その時間は子どもとの授業をより充実させるための時間にしましょう。私たちの本業は目の前の子どもとどうするかですから）。

　もしかすると，「この先生，授業でも一方的に話すのかな」と保護者に思われるかもしれません。授業と同じように，対話する時間や何か具体的な活動をする時間をとり，「授業でもこんな感じで楽しく進めているのだろうな」と想像できるようにしましょう。

❶ コミュニケーションの時間

　保護者同士がワイワイと話をできる時間にするために，担任が設定したテーマで対話してもらいましょう。テーマ設定については，3年生（中学年）ならではのものがよいでしょう（おこづかいについて・ギャングエイジについて・反抗期に差し掛かったらなど）。

❷ テーマにひと工夫を

　対話のテーマについては，事前に保護者の希望を募ってもよいかもしれません。例えば，Googleフォームなどのアンケート機能を活用すれば集計も簡単にできます（子どものことで困っていること，3年生になって変わってきたなと思うこと，他の家庭に聞いてみたいこと，担任の先生への質問など）。

　保護者の関心事をあらかじめ把握することができ，懇談当日を安心して迎えられます。最初の学級懇談会で保護者の安心感をゲットし，一年間の学級運営に役立てていきましょう。

〈学級懇談会準備のポイント〉
□保護者へ伝えておくべきこととは
□発達段階は人それぞれ
□急な放任主義への転換は「子どもが不安」になる
□ホッとできる学級懇談会の時間に
□一方通行の話のみの学級懇談会は，保護者にとっては苦行（ぐらいに思いましょう）
□学級懇談会の進め方から，授業の進め方が見えてくる

学級づくりのポイント

4月 安心・安全な教室環境

奈良　真行

★ まず何より安心・安全な教室環境をつくろう

　教室で子どもが過ごすうえで何より重要なことは，安心・安全な教室であるということです。ここでは，物理的な安心・安全な教室環境について述べていきます。
　「教室の○○がなければケガにならなかったかもしれません」と保護者に言われることは，学校として，担任として避けなければいけません。子どもの命を預かる立場であることを認識しておきましょう。

★ 子どもの目線・動線をイメージして

　教室環境を整えるのは，学校・担任等の役割です。学年に応じた教室の安全をつくるために，3年生の子どもの「目線・動線」をイメージしながら整備していきましょう。

〈イメージすべきこと〉
○3年生の子どもの背の高さ（目線）は？
○もし3年生が教室で走って転んだら？
○3年生が登りたくなってしまう高さものは？

　写真のように，机の横にはなるべくものをかけないようにしましょう。給食袋や体操服袋などの特にひもが長いものをかけている教室は多いのではないでしょうか。
　火災などの非常時に急いで逃げるときにも，素早く安全に逃げられるようにすることが大切です。

整理整頓が子どもの命を守る

　整理整頓することが，子どもの命を守ることにつながるということを，全教職員や子どもたちとも共有し，子ども自身が整理整頓の重要性を認識できるようにしていきましょう。

★ 3年生の教室あるあるから脱却しよう

　自分で整理整頓をすることに対して，3年生の段階では個人差が大きいでしょう。言われずともできる，言われたらできる，言われてもなかなかできない，教室には様々な子どもがいます。やはり，担任としては，根気よく指導し，できたことを認め，少しずつ子どもに任せていくといったように，順を追いながら対応していきましょう。

❶ 習字の授業の後は，床が水浸し，墨だらけ

　3年生の子どもたちにとって，習字の授業は一大イベントです。

　用意するものが多い，汚れることが多々ある等，教師も様々なことを想定しておく必要があります。だからこそ，半紙の片づけ方，捨てる場所，墨を洗う時間，洗い場へ向かう動線などをしっかりとイメージさせておきましょう。汎用的に使えるように，モニターに映し出しておくとよいかもしれませんね。

❷ 帰りの会が終わり，急いで帰ろうとして教室内で転んでケガ

　「さようなら」と言ったら，早く下校したい（外で遊びたい）のが3年生の子どもたち。一日の最後にケガをさせたくはないですよね。落ち着いて帰りましょうの声掛けだけでは，物たりません。下校時に教室を出る動線だけでも決めておけば，ケガのリスクは減ります。また，授業のなかで，どのようにすれば安全に帰れるのかなどを，子どもたちと話し合うことで，当事者意識をもたせることができます。

　①②の事例のような大きなケガなどにつながらないようにするためには，事前のマネジメントが重要です。想像力を働かせ，教室環境を整え，子どもたちの安心・安全をつくっていきましょう。

〈教室環境づくりのポイント〉
- □教室環境の整備は，学校，担任等のマネジメントが重要
- □子どもの命を守るための教室環境をつくる
- □3年生の目線・動線をイメージして

第3章　小学3年の学級づくり＆授業づくり　12か月の仕事術　081

| 4月 | 5月 | 6月 | 7·8月 | 9月 | 10月 | 11月 | 12月 | 1月 | 2月 | 3月 |

学級づくりのポイント

5月

今月の見通し

共に成長！共に支え合う！クラスづくり

福水　雄規

今月の見通し

学校行事
- 校外学習（社会科との関連）
- 防災訓練（危機管理意識向上）

家庭との連携
- 学級，学年だより（活動，行事の様子，アンケート回答など）

学年・学級
- 運動会…クラス団結の機会に
- 係活動プロジェクト
- クラス目標の決定

他
- 教室や物品の使い方の再確認
- 教室掲示物の更新

　5月は，子どもたちが友達とのよりよい関係を築くための活動を重点的に行います。遠足や防災訓練などの行事を通じて，協力や思いやりの心を育て，クラス全体の団結力を高めます。また，係活動を決めたり，クラス目標を本格的に決定したりすることで，子どもたちが主体的に活動に取り組む姿勢を育てます。

★ バランスを見ながらみんなで決める

❶ 自分たちでつくる！係活動

　去年の係活動を思い出しながら，「クラスをもっとよくするにはどんな係が必要かな？」と子どもたちと一緒に考え，やってみたい係を出し合います。人数は自由ですが，人数が偏りすぎないように注意しましょう。以下のポイントと図1を参考にしてみてください。

〈ポイント〉
- 役割分担を明確にする：各係の役割をはっきりさせ，リーダーを決めるとスムーズに進行し

ます。
- 活動の見通しをもたせる：各係が何を、いつまでに、どうやって行うかを話し合いましょう。
- 定期的に進捗を確認する：毎週、進捗状況をふり返り、必要に応じてサポートします。
- タイミングよく褒める：うまくいっているグループを取り上げ、他のグループのやる気も引き出しましょう。
- ユニークな名前をつける：特別な名前をつけると、子どもたちの愛着が深まります（元気もりもり係、ハッピーニュースレンジャーなど）。

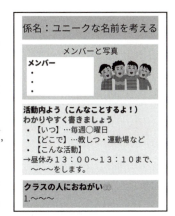

図1　ロイロノートで作成した係活動ノート

　小学3年生の係活動では、6割を子どもたちに任せ、4割を教師がサポートするくらいのバランスが理想的です。活動の計画や実行は子どもたちに任せ、困っているときには教師が出ていくぐらいがよいでしょう。初めての活動や難しい場面では、教師が「どんな係にしたい？」などと問い掛けることで、子どもたちが活動できるきっかけとなることもあります。

❷ 学級目標をつくり、クラスの文化づくりをする

　学校生活にも少し慣れてきたころに学級目標を決定します。どんなクラスにしたいか、どんな自分を目指したいかなどについてキーワードを書き出させたり、理想に近づくためにどんなことを意識する必要があるのかを可能な限り具体的な言葉で表現させたりします。その際、シンキングツールのイメージマップでアイデアを広げたり、ダイアモンドランキングやピラミッドチャート（図2）などで優先順位を決めたりしながら、自己決定できる場を設定します。その際、全員参加型のディスカッションを取り入れることで、「自分事」として考える子が増えてきます。一回ですべて決めてしまわずに、時間を確保して再度作成するのもいいでしょう。

図2　一年間で成長したいこと

⭐ 子どもたちの関係を深め、よい学級環境をつくる

　5月は、新学年のスタートから少し落ち着いてきた子どもたちが、さらに友達との関係を深め、よりよい学級環境を築くことが求められる時期です。特に、係活動や学級活動などで協力や思いやりの心を育む活動を通じて、子どもたち同士の関係を強化します。「自己決定」できる場や「行動できる環境」を設定し、どんどんトライさせましょう。

5月 一人一人が見えて保護者の不安を拭い去る参観授業

日野 英之

★ 3年生の参観ここがポイント！

　中学年最初となる参観授業。学習内容が難しくなる授業にわが子はきちんとついていけているのだろうか，友達とはどのように過ごしているのだろうか，先生はどんな先生でわが子との関係性は……期待よりもどちらかと言えば不安を抱えて参観に来られる保護者の方が多いことでしょう。そんな不安を拭い去るような参観授業にしたいものです。3年生最初の参観授業ではどのような点に注意し，どのような場面を含めたものにするとよいのでしょうか。

★ 実現に向けてここがポイント！

　3年生最初の参観では「個」「仲間」「教員自身」の三つの点に着目して授業づくりを進められるとよいでしょう。

❶ 個

　まずは，子ども一人一人が学級に溶け込めている姿・授業に向かっている姿を保護者に観てもらうことを意識しましょう。そのためには一部の子どもにしか理解できないことを課題として取り上げたり，難しい計算や抽象的なことを問うような発問をしたりすることは控えた方がよいでしょう。最初の発問はみんなが答えられるような発問（「みんなの好きな食べ物って何ですか？」や前学年の復習等）を用意し，元気よく全員が挙手する姿からはじめたいものです。挙手するわが子を通してまずは保護者に安心感をもたらしましょう。

❷ 仲間

　授業のなかで友達との関係性を見ることができる場面を設定しましょう。ペアで話し合う活動で友達に話す様子・友達の話を聞く様子，グループ活動では集団活動における役割を全うしている様子を観ていただきましょう。家庭での言葉遣いや態度の違いを見てもらうことで子どもの成長を感じとってもらえたり，安心感をもってもらえたりすることでしょう。

❸ 教員自身

「今年の先生はどんな先生なんだろう？」は最初の参観の保護者の最大の関心事と言っても過言ではありません。第一印象がすべてです。次の点には十分に気をつけましょう。

〈教員が保護者によい印象を与えるポイント三つ〉

①姿

- 服装（華美でなく，落ち着きある常識的な服装。ジャージ等はなるべく控えましょう）
- 言葉遣い（参観日だけこだわっても仕方がありません。日頃からていねいな言葉遣いを意識しましょう）
- 平等な指導（呼称に要注意！）

②指導力・授業力

黒板に書く字があまりきれいでない，話している内容がよくわからない，子どもの質問に対して的確に返していない……あなたが保護者ならばきっとこの先の不安しか見えないことでしょう。外から見える，注意を払えばどうにかなる指導力や授業力については十分に気をつけて当日を迎えましょう。①にも言えることですが，参観当日だけがんばったところで，子どもは「先生いつもと違う〜」「かっこつけてる〜」等の言葉を平気でつぶやきます。あなた自身のがんばりが裏目に出てしまいます。日ごろから注意して子どもたちが違和感を感じないように取り組んでいきましょう。

③子どもとのかかわり

授業内で一人に一回はかかわることを意識しましょう。教師と子どものちょっとした絡みを見るだけで保護者は安心するものです。できれば絡みのなかで子どもの誇らしい顔や笑顔が見られたらなおよいですね。褒めること・認めることをとことん意識しましょう。

⭐ こちらにも配慮を！

上記でも少し触れましたが，子どもによってとにかく「差をつけない」ことを意識してください。あなたや子どもにとっては単なるいつもの授業の一時間かもしれませんが，保護者にとっては年に数回しかない，ましてや最初の参観です。最初に抱いたイメージは割と引きずってしまうものです。十分にご注意ください。

5月

レク
外で体を動かそう「ボール de だるまさんがころんだ」

⏱ 15分

ねらい 外で体を動かすことで，エネルギーを発散させるため。
友達とかかわり合い，体と心をほぐして人間関係づくりを進めるため。

準備物 ボール

印藤　秀泰

★ どんなレク？

　5月は暑すぎず，寒すぎず，体を動かすのに適した季節ですね。今回は，運動が苦手な子どもでも楽しんで取り組めるアクティビティです。

　「ボール de だるまさんがころんだ」は，その名の通り，ボールを用いた「だるまさんがころんだ」です。

　鬼は一人で，ボールを持ちます。他は三人または四人でグループをつくり，お互い手をつなぎます。鬼もその他の子どもも動けるのは，ボールが手から離れている間だけです。ボールを持っているときに，グループのうち誰か一人でも動いてしまったら，はじめた位置にグループ全員が戻らなければいけません。誰かが鬼にタッチすることができれば，ゲーム終了です。

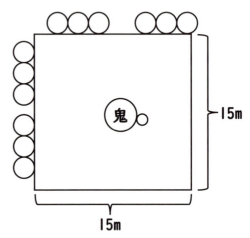

★ レクの流れ

❶ 鬼とグループを決めましょう。

　最初の鬼は，教師が務めます。投げるふりや，離すふりをたくさん入れて，フェイントの選択肢を子どもに教示します。グループは，3〜4人程度がいいでしょう。多過ぎるとすぐにアウトになってしまい，ゲームが終わらなくなってしまいます。

❷ ゲームをはじめましょう。

最初は決められた枠（15m×15mほどの方形がよい）の線上にそれぞれのグループが並び，枠の真ん中で鬼がボールを持った状態からはじめます。

鬼がボールを上に放って手から離している間だけ，鬼もグループも動くことができます。鬼がボールを持っているときは，動いてはいけません。鬼は，ボールを持っている際に，動いた子どもがいたら，名前を呼びます。呼ばれた子どものいるグループは，最初にいた枠線上に戻りましょう。

❸ ゲームが終わったら次のゲームを行いましょう。

鬼がタッチされたらゲーム終了です。タッチしたグループから次の鬼を決めましょう。鬼だった子どもは，タッチされたグループに入りましょう。すべてのグループが枠線上に移動したら，２回戦開始です。

〈ポイント〉
❶ ゲームが進まないときは
　鬼がボールを離さなければゲームは進みません。１回ボールを手に持ったら，10秒以内に離さなければいけないことにすると，ゲームが進みやすくなります。この際，厳密に10秒経ったらアウトとするのではなく，10秒はあくまでも目安の時間とし，「そろそろ動かそうか！」と声を掛けましょう。
　また，コートの形や大きさを変えることも一つの方法です。方形ではなく，円形にすると，角がなくなり，隅に逃げることがなくなります。

❷ グループの動いた判定について
　グループが微動だにしないことはとても難しいことです。鬼の判断とグループの判断に差ができてしまうと，動いた動いていないの言い争いが起きてしまいます。その際には，「足を動かしてはいけない」というルールにしましょう。ボールを手に取ったときに，足が動いたかどうかだと，足の位置を見れば判定が明確になります。

学級づくりのポイント

5月

家庭訪問，これで大丈夫

奈良　真行

★ 事前の準備をスムーズに進め，大原則は時間通りに

　家庭訪問をする機会が，みなさんの学校にはあるでしょうか？　コロナ禍や働き方改革のなか，家庭訪問をやめて学校での懇談だけになった学校もあるでしょう。家庭訪問は，子どものことを共有でき，地域のことをよく知ることができる大切な機会です。しっかりと準備をして臨みましょう。

　まず日程調整を行います。保護者の希望をもとに移動距離や時間等も考慮して順番を組んでいきましょう。今では，スマホのマップアプリを活用すれば，大まかな移動時間やルートもわかりますし，下見せずともストリートビューである程度はイメージできます。わかりにくい場所の家は，事前に前担任に聞いておくことで，当日，遅れることなく家庭訪問を実施することができるでしょう。

★ 当日の身だしなみ

　家庭訪問は，保護者のテリトリーに入って話をすることになります。社会人として失礼がないような服装をするのは基本です。「人は見た目が9割」という言葉の真実性はおいておいたとしても，すっきりしたきれい目の身だしなみを心掛けましょう。保護者へよい印象をもってもらうことに損はありません。

⭐ 主導権は握られても，原則は守って

　家庭訪問は，保護者のテリトリーで行われるので，どうしても主導権を握られがちです。あまりにも主導権を握られてしまうと，家庭訪問の趣旨に合わない話になってしまったり，時間をとりすぎてしまい，次の家庭に迷惑をかけてしまったりするかもしれません。

　「次のご家庭のこともあるので，〇〇分には終わりますが，ご了承くださいね」という一言からスタートすることで，時間を大切にする先生だということも伝わるでしょう。

⭐ 学校での個人懇談以上に，聞くこと主体で

　短時間で，どれだけたくさんのことを聞くことができるかが大切です。家での様子の話も多くなるので，新たな視点を得ることもできるでしょう。得た情報を今後の指導・支援に生かせるように心掛けましょう。

❶ 家での様子や過ごし方は？

　３年生になると，学校生活以外の時間の過ごし方も多岐にわたってくるでしょう。習い事に一生懸命取り組む様子，弟や妹をすすんでお世話する様子，家事のお手伝いをする様子など，どんな過ごし方をしているのかを聞きとりましょう。

❷ 担任へのお願いはありますか？

　わざわざ連絡帳に書いたり，学校へ電話連絡したりするほどではないことでも，「お子さんのことで，何か私に共有しておかれたいことはございますでしょうか？」と尋ねることで，保護者は伝えやすくなり，色々な話を聞くことができます。

❸ 最後はお礼を

　時間調整や先生を迎える準備をしてくださった保護者へ，しっかりとお礼を伝えて次の家庭訪問先に向かいましょう。

〈家庭訪問で押さえるべきポイント〉
□時間通りに家庭訪問を行うことが大原則
□挨拶にはじまり，お礼で終わる
□社会人としての常識が問われる業務（といってもよい）

第３章　小学３年の学級づくり＆授業づくり　12か月の仕事術　089

学級づくりのポイント

| 4月 | 5月 | 6月 | 7・8月 | 9月 | 10月 | 11月 | 12月 | 1月 | 2月 | 3月 |

今月の見通し

日々の目標で「中だるみ」の6月を乗り切る

福水　雄規

今月の見通し

学校行事
- プール開き（「命」を守る学習）
- たてわり班活動（遊びや掃除活動など）

家庭との連携
- 学級だよりの発行（学習，生活）

学年・学級
- 目標の見直しと新たな目標設定
- 楽しいクラスイベントの企画

他
- 生活アンケート結果から個人面談をして心のケアを
- 通知表などの行動所見の作成をする

　6月は，新年度の熱意が少しずつ落ち着き，子どもたちの集中力が低下しやすい「中だるみ」の時期です。友達同士のトラブルも増えてきますので，未然防止に努めるとともに，早期発見，早期対応にも注力します。この時期をうまく乗り越えるために，教師には子どもたちの意欲を維持させる工夫が求められます。達成感のある楽しい活動や目標の見直し等を行いましょう。例えば，「クラスみんなでビー玉貯金をしよう！」やペーパータワーで「一番高く紙を積み上げたチームの勝利！」等で連帯感，達成感を味わわせることができます。達成できたら「みんなでお祝い会！」を設定することで，子どもたちのやる気が継続します。

★ 目標を見直してモチベーション維持！6月のクラス活性化術

❶ プール開きでの安全指導と体力向上

　プール開きは，子どもたちが楽しみにしている活動の一つです。水泳を通じて体力向上を図るだけでなく，水のなかでの安全をしっかりと指導します。

- 安全指導：プール利用のルールや水難事故防止のための基本的な安全指導を徹底します。
- 体力向上：水泳の基本技術を教えるとともに，楽しみながら体力をつけるプログラムを実施します。

❷ 目標の見直しと新たな目標設定

　学期はじめに立てた目標を見直し，達成状況を確認します。子どもたちが成長を実感できるように，新たな目標を設定し，意欲を高めます。その際，ただ「がんばる」「チャレンジする」といった抽象的な言葉にならないように，数字を入れる等を指示し，具体的な目標を設定できるようにしましょう。

〈進捗確認〉
　目標の達成状況を子どもたちと一緒に確認し，成功体験を共有します。その際，教室内に子どもたちの感想や学びの足跡，写真などが掲示されていくと，具体的にふり返りやすくなります。

〈新たな目標設定〉
　必要に応じて新しい目標を設定し，具体的なアクションプランを立てます。その際，「一日三回以上，自分の考えを伝える」など，目標のなかに数字を入れることによってより目標が具体的となり，行動しやすくなります。

❸ 通知表の行動所見を作成していくために，ミニメモを活用する

　学期末が近づいてくると，バタバタとしてきます。通知表の行動所見も，一人一人のがんばりを一日ですべて見つけることは至難の業です。そこで，メモアプリなどを活用して，日々の学習面，生活面の様子をこまめに記録しておきましょう。

★ 子どもたちが目標を意識して意欲的に学び成長できるために

　6月の「中だるみ」を乗り越えるために，進級した4月当初の自分自身の気持ちや先生が大切にしたいこと，クラスで作成した目標を再確認し，短期的な小目標を設定します。例えば，学習の達成シールで見える化を図ったり，グループでのプロジェクトを取り入れたりして，日々の目標に取り組む喜びを感じさせます。また，楽しいゲームや体験学習を取り入れ，子どもたちの意欲を高め，成長を促します。子どもたちの「言葉」「行動」をより観察することで様々なヒントが見えてきますよ。

学級づくりのポイント

6月

ていねいさと課題解決型で進める
水泳学習

日野　英之

★ 「見て見て期」の子どもたちが楽しい！と思える水泳授業に

　低学年では，けのびとバタ足，3年生からはいよいよクロール！といった教育課程を組まれている学校が多いのではないでしょうか。学習指導要領には低学年期は，水泳運動ではなく「水遊び」と記載されており，内容には「水につかって歩いたり走ったりする」「水にもぐったり浮いたりする」と示されています。学習指導要領に「進む」という文言が登場するのは3年生からです。つまりは，けのびやバタ足は3年生からの学習となります。「遊び」から「水泳」に変わる3年生の水泳指導。どのようなことに注意して指導を進めていけばよいのでしょうか。

★ 指導のポイントはここ

　3年生の水泳指導では，次の三点に注意して指導を進めていきましょう。

〈水泳指導のポイント〉
①なぜ"水泳"を学ぶのかについてのていねいな説明
②指示一辺倒の授業は×
③「見て見て期」の子どもだからこそ泳力差が見えないような工夫も

❶ なぜ"水泳"を学ぶのかについてのていねいな説明

　「水泳授業がはじまったきっかけを知っていますか？　今から約70年ほど前に修学旅行の小中学生を乗せた船が貨物船と衝突し，168人が犠牲になったという事故が起きました。その当時，水難事故が続いたことから学校の体育授業で水泳を学習するようになったのです。つまりは，水泳学習の根幹は『水中で生きるためにはどうすればよいか』であり，『○m泳ぐことができた』や『○秒で泳ぐことができた』という学習ではありません。突然，海や川に放り込まれた際の水中姿勢や長時間顔を水面に出すための方法，より楽に長く泳ぐ方法を学ぶことが水

泳の学習なのです。私は泳ぐことが苦手だから嫌だ！と思っている人がたくさんいることでしょう。誰かと競い合うことが目的ではありません。みんなで水中での過ごし方や生き方についてしっかりと考える時間にしましょう」

このような説明を子どもたちに伝えることからはじめ，水泳授業の目的を理解させ，水泳授業に対する苦手意識をぬぐってあげましょう。

❷ 指示一辺倒の授業は×

「はい，前列入って」→「はい，けのびで真ん中まで来ましょう」→「はい…」等と指示一辺倒の授業だと習い事としてスイミングスクールに通っている子どもにとっては"確認"の授業となります。一方で，スイミングスクールに通っていない子どもにとってはただただ苦痛な思いをする授業になってしまいます。せっかく水泳学習に取り組む意義を説明したのです。説明を生かし，水泳授業も課題解決型の授業で子どもたちの思考を揺さぶる授業展開を進めていきましょう。「突然船から落ちてしまいました。助けが来るまで皆さんは浮いて待つ必要があります。どんな姿勢だと楽に待てるでしょうか？」と問い掛け，"できる・できない"ではなくどうしてそのような姿勢だと楽なのか，より楽な方法はないのだろうかと子どもの思考を揺さぶる授業を展開していきましょう。

❸ 「見て見て期」の子どもだからこそ泳力差が見えないような工夫も

見て見て期を迎えた３年生ですが，一方で自分の苦手なことや苦戦している姿を見られることに敏感な時期でもあります。周りの目が気にならないような練習形態を検討しましょう。

〈最初（スタート）と最後（ゴール）を決める〉
スタートの合図と切り替えの合図を出し，切り替え時ではどこであろうとその地点から折り返します。当然泳ぐことが得意な子どもは泳ぐ距離が長くなるわけですが，一斉であること，回旋コースであることから，誰が速い・遅い，誰がうまい等はわかりません。ゴールも同じタイミングになるため，恥ずかしがらずに自分のペースで学習を進めることができます。

〈習熟度別指導〉
泳力差に応じてグループ分けを行い，指導を進めていく方法です。誰かに急かされることはなく，誰かと比較して落ち込むこともなく，子どもたちは心穏やかに自分のペースで学習を進めることができます。

学級づくりのポイント

6月 雨の日の過ごし方

井上　伸一

　梅雨時は，じめじめとしたお天気のなか，休み時間に外遊びもできず，かといって教室で騒ぐわけにもいきません。一日，二日ならともかくこの時期は何日か続けてこうした状態が続きます。自分の世界が広がりつつある3年生の子どもたちにとっては，何とかして状況を変えて楽しみたいところです。安全に配慮しながら，笑顔あふれる雨の日の活動にしていくことが大切です。

★ ボードゲームで楽しもう！

　対面やグループで室内遊びをすることのできるボードゲームは，すぐに楽しく遊ぶことができますし，知的な活動にもなります。様々なボードゲームがありますが，子どもたちに身近なボードゲームとして分類すると次のようなものがあります。

ボードゲームの種類

レース型ゲーム	すごろく，ユンノリ，バックギャモンなど
ゲット型ゲーム	将棋，チェスなど
陣取り型ゲーム	囲碁，オセロ，ブロックスなど
配列型ゲーム	三目並べ，五目並べなど

　ボードゲームは世界各国に様々な種類がありますし，新しいものだけでなく，伝統的なゲームもたくさんあります。囲碁や将棋，オセロなど，各地域で大会が開かれているものもあります。ボードゲームにかかわる係活動を設定し，各種のボードゲームの遊び方や歴史について調べたことをまとめ，学級の友達の前で発表してみてもおもしろいものです。また，ボードゲームは熱中する子どももたくさん出てきますから，盛り上がってきたころに，レク係などの係活動と連動させて，学級のなかでちょっとした大会を企画してもよいでしょう。子ども任せにするのではなく，積極的に活動を支援していきましょう。

094

⭐ ボードゲームを手作りする

　ボードゲームを楽しむにあたって，困り事の一番はボードゲームをいかに手に入れるかです。無理に自費購入するのではなく，ボードゲームを手作りするといいでしょう。

　手作りボードゲームの製作過程においては，学校の教育課程で学んだ知識や技能を生かすことができます。

　例えば，将棋の駒と将棋盤は，タブレット端末で検索した将棋駒の写真をお手本として，学習してきた毛筆習字を生かし，小筆や筆ペンを使って作成することができます。またオセロなどの駒を作る際には，算数科での「コンパスを使って円を描く」という学習を生かすことができます。

⭐ 楽しく遊ぶために

　次のポイントを配慮し，学級全体にかかわる取組を進めていくことで，雨の日の休み時間が楽しい時間となります。

〈楽しく遊ぶためのポイント〉

□ボードゲーム作成時の安全対策
　ハサミなどを使って作成するときは，安全に十分配慮します。

□遊びのルール決め
　いつ，どこで，誰と，どのようにボードゲームで遊ぶのか，ルールを決めておきます。

□個の遊びから集団の遊びへ
　最初は少人数の遊びでも，学級活動として"流行"をつくれば，学級全員が共通の価値をもつ遊びへと昇華します。

6月

レク

気持ちを一つに「拍手ゲーム」

⏱ 10分

ねらい みんなで協力するゲームに取り組むなかで，学級の絆を深め，向上心をもって取り組む素地をつくるため。

準備物 なし

印藤　秀泰

★ どんなレク？

「拍手ゲーム」は教室で少しの隙間時間に行える簡単なアクティビティです。用意するものも一切ありません。ルールは「せーのっ！」の声に合わせて，全員で拍手をするだけです。ただし，2回目の「せーのっ！」では，拍手を「パンッ・パンッ」と2回合わせなければなりません。3回目は3回拍手します。4回目は4回。果たして，何回目まで拍手を合わせることができるでしょうか。

★ レクの流れ

❶ どうすれば，大きな音の拍手ができるでしょう。

まずは，拍手の練習をします。パンっと大きな音を鳴らすためのコツを子どもたちと探しましょう。試すなかで，大きな音を鳴らしている子どもを前に出し，どうして大きな音が鳴るのかコツを尋ねることで，自分たちでコツを見つけたと自信をもつことができます。手を少し丸めるとよいことや，手のひらと反対の手の指をあてると大きな音が鳴るなど，様々なコツが考えられます。

❷ 先生の合図で拍手を合わせましょう。

　はじめは先生の合図に合わせて拍手を合わせます。「せーのっ！」に合わせて拍手を１回します。拍手が合わなければもう１回。「せーのっ！」に合わせて拍手を１回します。音がそろったときには，「いい音が鳴りましたね！」「こんなに早くそろうと思ってなかった！」と褒めながら，「次は２回拍手するよ？　せーのっ！」と続けて２回目を行います。

❸ 友達の合図に合わせて行いましょう。

　２～３回教師の合図で練習したら，次はいよいよ本番です。「せーのっ！」と合図をする子どもを一人決めて，その合図に合わせて拍手をします。繰り返し行うなかで，最高回数を記録しておき，「次回はこの記録を超えましょうね」と声を掛けることで，目標をもって繰り返し行い，学級の絆が成長していることを感じることができる機会になります。

〈ポイント〉
❶ 失敗した子どもには
　失敗した子どもは，自分が終わらせてしまったことに罪悪感があるでしょう。回数が続けば続くほどその思いは強くなるでしょう。「チャレンジしたからこそ失敗します。拍手の音を鳴らさなければ，失敗することもありませんが，新記録を達成してもうれしくありません。ナイスチャレンジ！」と声を掛けて，失敗を恐れずにチャレンジできる心を育みましょう。
　それでも繰り返し失敗する子どもがいたら，合図の担当に任命しましょう。たくさんの回数を達成することができれば，「合図が上手でしたね！」と褒めてあげましょう。

❷ 何度も失敗するときは
　何度やっても，２～３回目で失敗してしまうと，子どものやる気も覚めてしまいます。成功体験を味わわせるために，少人数グループでの練習を取り入れましょう。例えば，班ごとに練習して，一番多くできたグループを手本とすることで多くの回数をこなすことができるようになります。

学級づくりのポイント

6月 学級だよりの作成法

奈良　真行

⭐ 学級だよりを書いてみよう

　「何のために学級だよりを出しているのですか」と聞かれたとき，どのような言葉が浮かぶでしょうか。一言で言うと，「学級づくりのため」と言い切ってしまってよいでしょう。

　子どもたちに伝えたいこと，わかってほしいこと，価値づけたいこと，学んでほしいことなど，担任として子どもの前に立ったときに感じたこと，思ったことをそのまま学級だよりに載せて，子どもたちに伝え，学級づくりの一助にしていきましょう。

⭐ ○○しなければいけない学級だよりは長続きしにくい

　目の前の子どもたちに伝えたいことを載せる学級だよりならば，その文体は子ども向けとなります。伝えたいことがたくさんある時期ならば，毎日学級だよりを発行することもあるでしょう。

　つまり，「週1回は学級だよりを発行しよう」や「保護者へのお知らせを何か入れなければ」，「次週の週案を載せないといけない」など，○○しなければならないと思って発行することになると，学級だよりを発行すること自体が目的になってしまいます。あくまでも学級だよりの発行は学級づくりの手段です。

発行した学級だより

　とは言え，何でもかんでも自由に書き，配慮が欠けている内容となってしまい，学級づくりへの足かせになってしまうならば，発行しない方がましです。最低限，次のようなことは確認しておきましょう。

①個人情報の取り扱いに注意する
②読み手のことを想像して書く
③作品等を載せる場合には事前に許可をとる

★ 学級だよりの内容をより伝えるために

　学級だよりを一生懸命書いたならば，読んでもらわないと意味がありません。実際に子どもに配付したときに（印刷して紙配付やタブレットへデータ送信など）声に出して読んであげましょう。3年生の段階では，「読んでおきましょう」と言われても，読まなかったり，文字だけではなかなか理解しづらかったりする場合があるからです。学級だよりの文字を追いながら，担任の先生の声を聴くことで，より内容が伝わることでしょう。

❶ 聞く雰囲気をつくる

　「今から，学級だよりを読みます」と担任の先生が言ったときに，（早く聞きたいな，今日はどんな内容だろう）と子どもたちが思うような雰囲気をつくりましょう。これは，授業と同じです。聞き手が学級を豊かにします。

❷ 価値づけよう

　学級全体に広がってほしい子どもの言動などを，「〇〇さんが，こんなよいことをしていました」と言葉で伝え，共有しようと思っても，3年生段階ではなかなか難しいでしょう。学級で価値づけたいことについては，価値づけしたい内容を学級だよりに載せて，文字と声でしっかり伝えましょう。

　さらに，よいことを行った（些細なことでもよい）子どもからすると，自分のことが学級だよりで紹介されることは，自己肯定感を高めることになります。きっと，家庭で「私，学級だよりに〇〇のことで載ったんだよ」と保護者に伝えることでしょう。

　発達段階を生かした学級だよりに仕上げ，学級だよりを学級づくりに生かしていきましょう。

〈学級だより作成のポイント〉
□学級だよりは手段であって目的ではない
□配付する方法もいろいろ
- 紙に印刷して配付する従来パターン
- タブレットへのデータ送付やクラスで共有できるフォルダへ入れる
- 二次元コードへ変換して読み込んでもらう　　　など

| 4月 | 5月 | 6月 | **7・8月** | 9月 | 10月 | 11月 | 12月 | 1月 | 2月 | 3月 |

学級づくりのポイント

7・8月

今月の見通し

1学期締め，
気持ちよく長期休暇を迎える

福水　雄規

今月の見通し

学校行事
- 着衣水泳
- 児童会行事
- 終業式

学年・学級
- 各教科のたしかめテスト
- 学習のまとめ
- 1学期のふり返りアンケート

家庭との連携
- 個人面談―通知表所見にかわる様子報告
- タブレット端末（Google クラスルームなど）
- 学年・学級だより

他
- 生活リズムの維持
- 校区巡視（夏休み期間）
- 夏休みの計画（夏休み前から）

　7・8月は，1学期の締めくくりとして，子どもたちが気持ちよく長期休暇を迎えられるようにするための準備を行います。学習面では，教科ごとのテスト等を通じて，学習内容をしっかりと復習し，自身の到達度具合を確認させます。また，夏休みに向けては目標設定を通じて，子どもたちの休みに対する意欲を高めます。

⭐ 明るい夏休みと2学期のために夏休み前の総まとめを

❶ 着衣水泳で命を守るためにできることを学ぶ

　毎年，心を痛める水難事故のニュース。そこで水泳指導で欠かせなくなってくるのが着衣水泳です。事前学習を上手に活用しましょう。インターネットサイト等を通して，いざというときのために「浮く」ためのコツや救助方法などを学びます。事前にスライドなどで確認しておくことで，着衣水泳当日の学習・指導をスムーズに進めることができます。

❷ 終業式で，自分たちの学びや成果をふり返り，共有する

　1学期の締めくくりとして，終業式で，学期をふり返る時間をもちます。場合によっては学年集会を開き，1学期の活動や成果を共有し，次学期への意欲を高めます。教師があらかじめ作成したPowerPointなどのスライドやiMovieなどで作成した写真を鑑賞することで可視化することも効果的です。子どもたちにも自身の1学期間の達成感や成就感を味わわせることができます。

❸ 個人面談と学年だよりで家庭との連携を

　個人懇談では，一家庭あたりの懇談時間は限られています。そのため，待合室に懇談の流れを掲示しておき，流れを確認しておいてもらいます（図1）。子どもの1学期の様子（がんばっていた部分8，がんばってほしい部分2）を保護者に具体的に伝え，夏休みの過ごし方や2学期以降についてアドバイスを行います。

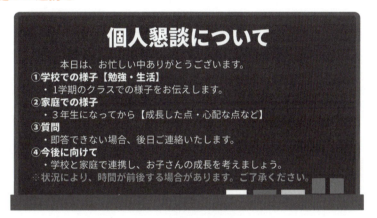

図1　個人懇談の流れ

　また，夏休み中の宿題のサポート資料をGoogleドライブ等にフォルダ分けし，子どもたちが困った際にはいつでも閲覧できるようにしておきます。また，ロイロノート等で提出できるようにしておけば，学習面に少し課題がある子どもたちも友達の課題を参考にしながら宿題を進めていくことができます。

★ 2学期がわくわくできるように私たちが心掛けたいこと

　7・8月は，一年間の土台を仕上げる時期です。夏休みにしっかりリフレッシュし，2学期のスタートを明るく迎える準備をしましょう。そのために，1学期をふり返り，子どもたちが成長を感じられるようにしつつ，新たな目標を共に考えることが重要です。習字道具などの大きな荷物は，計画的に持ち帰らせて，終業式の日の子どもたちの負担を減らすこともお忘れなく！

保護者がわが子の情報をアップデートできる個人懇談に

日野　英之

★ 保護者の時間を「奪う」懇談にならないように

　時間は言うまでもなく有限です。保護者の方は懇談のために自分の時間を割いて懇談に臨まれます。決して「無駄」だと思う時間にはしたくありませんよね。どんなことに注意をすれば保護者に「無駄」だったと思われない懇談となるのでしょうか。

★ 実現に向けてここがポイント

　「無駄」な懇談にならないようにするためには，皆さんが保護者の気持ちに立って考えることが大切です。「無駄」と感じる懇談では当然，保護者側は"イライラ"が募ることでしょう。そのため，イライラが募る場面を想定して注意を払う必要があります。では，イライラが募りやすいのはどのような場面でしょうか。

〈イライラが募りやすい場面（時間）〉
①懇談までの待ち時間
②「内容」がない当たり前の話を聞かされている懇談中
③話すことを遮られた瞬間

---

❶ 懇談までの待ち時間

　ただ座って時間を過ごす。これほど人間がストレスを感じることはないでしょう。待ち時間を待ち時間に感じさせないために廊下に次のようなものを展示し，待ち時間を有意義な時間に変化させましょう。

〈写真〉

　普段の学校生活の様子を写真に収めておきましょう。普段の廊下がちょっとしたギャラリー

に早変わり。行事写真の販売場として活用されるのもよいでしょう。

〈作品〉

　習字や図画工作科で作成した作品を展示するのもいいでしょう。わが子の作品はもちろんのこと，子どもたちの作品を眺めるだけで不思議と緊張が緩和されるものです。

〈扇風機・暖房器具の設置〉

　展示物とは話が違いますが，待つことが苦にならない環境づくりも大切な視点です。懇談が行われるのは学期末。時期で言えば７月と12月。真夏と真冬です。暑さや寒さは不快以外の何物でもありません。冷暖房器具を活用し快適な環境づくりを心掛けましょう。

❷ 懇談中

　皆さんが保護者ならば，どんな内容を懇談で聞かされるとイライラが募るでしょうか。もちろんわが子の欠点ばかりを話される懇談は言うまでもありませんが，わかりきっていることを伝えられる懇談もまたイライラが募ります。テストの結果，身体能力にかかわること（走力や柔軟性）等はご家庭で把握されていることでしょうし，改めて時間を割いて伝えられるほどのことではありません。学力や身体能力のことを伝えたいのならば，どのような問題を間違えやすいのか，どのような領域が苦手なのか，普段の授業での様子等の情報を伝えるようにしましょう。保護者が知りたい情報は，家庭では把握できない情報，つまりは学校生活の情報です。保護者のわが子に関する情報のアップデートができる内容を話題として取り上げましょう。

❸ 話すことを遮られた瞬間

　限られた短い時間です。当然，教師は話す内容を事前に決めて臨まれるはず。注意しなければならないのは用意した話題をすべて話そうとする姿勢です。何事もそうですが"お客様ファースト"の意識を忘れてはいけません。保護者が話そうとしているのに，時間がないからと遮ってまで教員側が話すなんてことはもっての他です。保護者が話しはじめたということはあなたに心を開いたサインと読み解いて，喜びを味わいながらしっかりと話に耳を傾けましょう。

⭐ こちらにも配慮を

　保護者に過度な緊張をもたれることも避けたいところです。扉を開けてから「どうぞおかけください」までの一連の流れに保護者の緊張はピークに達します。この一連の流れのなかに「今日は暑いですね」「話に入る前に何なのですが○○さん今日ね……」等，少しの会話を挟まれるとよいでしょう。少しの会話で緊張度は一気に変わります。着席してからの話をスムーズにはじめることができますよ。

第３章　小学３年の学級づくり＆授業づくり　12か月の仕事術　103

7・8月

レク

お楽しみ会で使えるアクティビティ「人間知恵の輪」

⏱ 10分

ねらい 協力が必要なゲームを通して，対話を楽しむ姿勢を育むため。
準備物 なし

印藤　秀泰

⭐ どんなレク？

　もうすぐ夏休み。２学期に元気に学校へ戻ってくるためにも，楽しい思い出をつくって１学期を終えたいものです。そんな１学期の最後に取り組みたいのが「人間知恵の輪」です。

　グループでランダムに手をつないだ状態から，一人も手を離さずにほどいていき，最後に一つ（もしくは二つ）の円になれたらクリアです。

　この活動には，友達との声掛け・協力が必要です。みんなで助け合いながら，全員クリアを目指しましょう。

⭐ レクの流れ

❶ 手をつなぎましょう。

　まずは，グループをつくります。グループで円になったら，右手を真ん中に出しましょう。自分の両隣以外の一人と手をつなぎます。このとき，奇数人数のグループでは一人手をつなげずに余ります。最後に，左手を真ん中に出し，自分の両隣と右手をつないだ相手以外の一人と手をつなぎます。これでゲームの準備は完了です。

❷ ゲームを始めましょう。

　ゲームが始まったら，手を離すことなく，絡まった腕をほどいていきます。友達の腕をくぐったり，またいだり，回ったりしながら，なるべく早くほどくことを目指します。

❸ もう一度行いましょう。

　1回目が終わったら，作戦タイムです。どうすればより早くほどくことができるのか相談しましょう。このとき，教師は各グループを回りながら話し合いに入ります。発言できていない子どもに寄り添い「〇〇さんはどう思う？」と声を掛けながら全員に発言の機会をつくります。
　作戦タイムが終わったら，もう一度行いましょう。右手から組んで，左手も組みます。果たして，1回目より早くなるでしょうか。

〈ポイント〉
❶ グループの人数
　グループの人数は，5〜8人程度が行いやすいです。人数が少なければ，柔軟性が必要な場面が出てきます。人数が多すぎると，手をつなぐ時点で一苦労です。子どもの実態に合わせて，人数を調整しましょう。
※1グループの人数が増えると，ほどき終えた際に二つの円ができる場合があります。

❷ 難易度を上げる
　より難しくするならば，「サイレント人間知恵の輪」にします。一言もしゃべらずに，ほどくことができるのか試してみましょう。

❸ 競争ではなく共創に
　グループごとに，どこが一番早くほどくことができるかを競うことも多いと思います。子どもの実態によっては，全グループの合計時間を記録として残すことで，他のグループと協力する様子が見られます。早く終わったグループは，終わっていないグループにアドバイスするなどして，クラスが一つとなる場面を設定することもよいでしょう。

7・8月 通知表をどうやってつけ，返すのか

奈良　真行

★ 通知表の作成はいつからはじまるのか

　通知表に記載される内容は，実は学校によって様々です。通知表は指導要録のような法的に作成保存が必要なものではありませんので，校長の責任のもと，記載事項の内容や作成の有無まで創意工夫できるものです。この本を手にしているみなさんも，今後様々な様式の通知表に出会っていくでしょう。もしかすると，通知表がない学校に出会うかもしれませんね。

　とは言え，通知表を作成している場合，どの学校でも評定欄，所見欄，行動の記録はあるのではないでしょうか。この三つのうち，行動の記録や初見のもとになるものは4月から材料集めができます。学期末が近づき，「さあ，通知表をつけていこう」ではなく，日々小さなことでもいいので，子どもの事実をメモなどに書き溜めておきましょう。

★ 通知表を渡すときに大切なこと

　通知表はどのように渡すとよいのでしょうか。他のプリントと同じように配って「読んでおきましょう」ということはないでしょうが，終業式という忙しい日程で余裕をもって返却することはなかなか難しいことかもしれません。だからこそ，前日から，通知表の返却時間を予定に組み込み，終業式を迎えることが大切です。

〈通知表はあなた自身のほんの一部というメッセージを〉

　返却をはじめる前には，子どもたち全員に「通知表に表れていることは，あなたのすべてではなく，ほんの一部ですよ」と伝えておきましょう。

〈1対1で返却〉

　通知表を渡しながら，がんばっていたことや，通知表には記載しきれなかったことを短く伝えてあげましょう。通知表の評定などが成績のすべてという間違った認識にならないようにするためにも，一言のつけ加えはとても大切です。

⭐ 3年生で初めて目にすることとは

　低学年のときの通知表とは違い，3年生の子どもたち，保護者が初めて目にする内容があります。社会科や理科の評定欄や外国語活動や総合的活動の文章記載などです。授業のときにあらかじめルーブリックを組んで，自己評価などを積み重ねながら取り組んでいれば，ある程度文章表記の内容が頭に入ってきやすいかもしれません。指導と評価の一体化の観点からも，文章表記で評価を示す教科に関しては，ルーブリックに取り組まれるとよいかもしれません。

⭐ 所見に何を書くのか

❶ 学習面では

　年間に何度所見の記載があるかによってですが，複数回の記載の機会があるならば，そのうち一度は3年生で初めて出会った教科「社会科や理科」のことについて書くことをおすすめします。

　どのような学習に取り組んでいたときに，生き生きとしていたのか等の具体的なエピソードをもとに，姿が思い浮かぶように書きましょう。保護者にとっては，初めて学んだ社会科や理科にどのように取り組んでいたのかを知ることができることは，とてもうれしいことです。

❷ 生活面では

　3年生になれば，少しずつ自分のことをメタ認知し，相手や集団を意識することができるようになってきます（個人差はもちろんありますが）。生活面の所見では，そのような相手や集団を意識した行動があれば，率先して記載してあげましょう。保護者は，「家ではそんな姿は，まったく見ないのに」と思っているかもしれません。子どもはいろいろな顔を使い分けます（家での顔，先生の前の顔，仲間の前の顔）。

　保護者が，我が子を見守る視点が増えたり，新たな面に気づかされると，きっと「担任の先生，よく見てくれているな」と信頼度アップ間違いなしです！

〈通知表作成のポイント〉
□通知表の作成は，子どもに出会ったときからスタート！
□通知表は，先生と子どもをつなぎ，子どもと保護者をつなぐものと意識しよう

4月	5月	6月	7・8月	**9月**	10月	11月	12月	1月	2月	3月

学級づくりのポイント

9月

今月の見通し

希望のもてる2学期スタートを

福水　雄規

今月の見通し

学校行事
- 始業式…リスタート

家庭との連携
- 学年だより発行

学年・学級
- 夏休みのふり返り
- 係活動の見直しと決定
- 2学期の目標設定

他
- 身体測定

　9月は，夏休み明けの新しい学期のはじまりであり，子どもたちが新たな目標をもって，希望に満ちた状態でスタートを切る時期です。夏休みの経験を通して得た「成長」をふまえ，2学期の学習や活動に積極的に取り組む意欲を引き出しましょう。また，2学期がスタートする前に，気になる子どもへの家庭連絡を行い，子どもたちをサポートする体制を整えます。

★ 新学期を輝かせる！9月のスタートダッシュの秘訣

❶ リスタート！始業式で子どもを「見取る」

　子どもたちの気持ちを切り替えることに重きをおきましょう。始業式では，久しぶりの学校で友達や先生と再会します。全校児童が集まり，夏休みをふり返ります。そして教室に戻って，新しい学期の目標やルールを共有します。と言っても，長い夏休み明けです。意欲に満ち溢れた子どももいれば，少し疲れ気味の子どももいます。一日のなかで，子どもたちの話の「聞き方」に焦点をあて，子どもたちを観察します。後ろから観察し，腰骨を立てて聞いている子，

相手の目を見て聞いている子，話に頷きながら聞いている子などの姿を大いに価値づけます。

❷ 自分を見つめ直して，さらに一歩前へ
- 夏休みのふり返り：夏休み中の経験や学びをふり返り，子どもたちが成長を実感できるようにします。ペアやグループで，サイコロトーク（右図）がおすすめです！ 友達との再会の場。友達とのかかわり合いの時間を大事にしましょう。
- 新たな目標設定：2学期の目標を設定し，子どもたちが意欲的に学習や活動に取り組めるようにします。「困っている人を助ける」「自分の感想を話せるようにする」等，学級目標を意識したものとなるように考えさせます。

サイコロトーク例

❸ つながりを大切に！2学期を左右する家庭との連携

9月の活動や行事の予定を保護者に伝えます。子どもたちのがんばりや成長を具体的に報告し，家庭でのサポートをお願いすることも重要です。夏休み明け，子どもとはもちろんのこと，保護者ともいい関係を築いていけるようにしたいですね。コツコツと地道に Google form 等で作成したおたよりコーナー等を活用して，保護者の声を「聴く」ことを意識しましょう。

★ 新学期スタートダッシュ！新たな目標をつくりチャレンジする

9月は2学期のスタートとして，子どもたちが今まで取り組んできたことをさらに充実させるために，目標を設定し，意欲的に学びはじめる重要な時期です。一日一日の生活や行事などに対して子どもたちに目的をもたせながら生活を送れるようにしましょう。

また，夏休みのふり返りでは，自分がどれだけ成長したかを確認し，そのうえで新しい目標を設定させます。新しい目標を通して，子どもたちが「自分はもっとできる」という自信をもち，成長できるようにしていきましょう。

学級づくりのポイント

9月 子どもたちが自信をもって取り組める運動会に

日野 英之

⭐ どの子も「観に来てほしい」と願う運動会に

「見て見て期」を迎えた子どもたち。数週間の練習を積み重ねて迎える運動会は，より一層「がんばってきた私の姿を観に来てね〜」感が強まることでしょう。一方で，運動の苦手な子どもは，「観に来てほしいんだけど，でも……」とやきもきした気持ちを抱えているかもしれません。運動の得意な子どもも苦手な子どもも「観に来てほしい」と願う運動会となるにはどのようなことに配慮すればよいのでしょうか。

⭐ 実現に向けてここがポイント！

皆さんが「観に来てほしくないなぁ」と思った場面や経験をふり返ってみましょう。失敗するかもしれないピアノの発表会，自分が活躍できないであろう試合，出番が少ない舞台……少しでも不安や恥ずかしさを抱えていること，つまりは自分に自信がもてないときが多かったのではないでしょうか。逆を言えば，自分が自信のあることについては「観に来てほしい」と切に願ったはずです。子どもたちも同じです。では，子どもたちに自信をもたせるためには，どのようなことを心掛けて指導に臨めばよいのでしょうか。

〈子どもたちが自信をもつ運動会指導のポイント〉
①教師の言葉掛け
②種目は「少しの努力を要する」ことで克服できるレベルのものに
③友達とのかかわり

❶ 教師の言葉掛け

大人との関係がまだまだ希薄な中学年期の子どもにおいて教師は非常に大きな存在です。教師の一言が中学年期の子どもにもたらす影響は非常に大きいもの。

110

- 「○○さんの動き，とってもよくなったね」（比較）
- 「○○さん，一生懸命がんばってるね」（承認）
- 「○○さんがいてくれてとても助かっているんだよ」（謝辞）

　比較・承認・謝辞の三種類の褒め言葉を使い分け，子どもたちを認めることを心掛けましょう。「私なんかの言葉が何の役に立つのだろう」「○○さんには，私が褒めなくてもきっと誰かが褒めてくれるだろう」そんなことを思って**褒め惜しみ**しても仕方ありません。あなたの存在はあなたが思っている以上に子どもたちには大きいのです。褒めることに多「過ぎる」はありません。積極的に子どもの姿を称え，認めることで子どもの大きな自信となります。

❷ **種目は「少しの努力を要する」ことで克服できるレベルのものに**

　がんばりどうこうでは何ともならない徒競走，何度も何度も練習したけど結局できない技がある団体演技……子どもが自信をもって臨むことは難しいですね。**徒競走では背の順ではなく走力順**で，**団体演技では身体能力（柔軟性や瞬発性等）が大きく関係する技を使用しない**等，指導側の工夫で子どもの意欲は大きく変わります。一方で，難易度の設定は簡単であればあるほどいいというわけではありません。簡単に達成できるものでは，少しの恥ずかしさすら感じてしまうものです。少しの努力で克服できる程度のレベル設定が大切です。できた！克服した！の達成感が自信を生み出し，その姿を観に来てほしいと思うことでしょう。

❸ **友達とのかかわり**

　友達から認められることで自信は生まれるもの，深まるもの。とは言え，教師が何も仕掛けなければ「○○さん，〜がよくなったね！」「○○さん，がんばっているね！」等の言葉を掛けられる３年生の子どもはなかなかいません。練習の終盤に友達のがんばっていたところや互いの成長を認め合う活動等を設定するとよいでしょう。ポイントは付箋の活用。手紙のようなかしこまったものだと書ける子どもでも対象は１名か２名まで。付箋だと一言で済むため，書く対象者がぐっと増えます。たくさんの付箋が貼られた机を見て，自信がグッとより深いものとなることでしょう。

⭐ こちらにも配慮を！

　子どもだけでなく，行事となるとついつい熱が入ってしまうのは教師も同様。練習がうまく進まず，熱が入りすぎて子どものことが見えなくなってしまうことも。長時間・長期間にわたる運動会練習。こまめな水分補給と体調管理に十分留意し，熱中症を引き起こさないように気をつけましょう。

学級づくりのポイント

9月 長期休み明けに心掛けたいこと

井上　伸一

　長期休み明けの3年生の様子は，それぞれの家庭生活の過ごし方によって，生活規範，学習規範に大きな違いが見られます。長期休み明けには学校生活における規範を取り戻す，またはつくり直すための活動に取り組む必要があります。長期休み明けは，子ども一人一人の個の実態に応じて，ルールやきまりに沿った生活づくりを心掛けて指導していきましょう。

★ 長期休み明けの規範づくり

　3年生の長期休み明けの規範づくりの活動は，次の三つです。

〈生活規範・学習規範を形づくる活動〉
□授業に臨む「姿勢」づくり
　今一度，学習規範をつくり直します。まずはチャイムですぐに授業をはじめる意識と態度を取り戻しましょう。

□学校生活を安全に過ごす「構え」づくり
　学校のきまりをもとに，安全に学校生活を送るためのルールを守ろうとする意識と態度を取り戻しましょう。

□学校生活を健康に過ごす「構え」づくり
　家庭と連携して，規則正しい生活を送ろうとする意識と態度を取り戻しましょう。

★ 授業に臨む姿勢づくり

　長期休み明け，望ましい授業態度をとることができるよう次のような活動を行います。

❶ 長期休み明け初日に席替え

学習意欲が湧くようにするには，長期休み明けすぐの席替えが効果的です。

席替えの際，短時間で席替えを終わらせるために，くじ引きで座席位置を決めますが，学級内の課題がある場合，必要に応じて次のような配慮と取り組みが必要です。

課題	配慮と取り組み
友達関係に関する配慮や身体的配慮が必要な子ども，学習の過程に配慮を要する子どもがいる。	→配慮が必要な子どもに対して，事前に座席位置の希望をとったり，保護者と相談したりしたうえで配置を決めておく。
前学期で気になる（生活面，学習面）子どももいる。	→対象の子どもと個別に面談し，教師が適切だと考える座席位置につく理由を説明し，納得させたうえで席替えをする。

❷ きちんと授業準備

休み時間に次の学習準備をきちんとできた子どもに"ご褒美シール"を渡し，賞賛します。配慮を要する子どもにもご褒美シールが届くよう，学習準備の姿や姿勢も大切にします。シールには限りがあります。毎時間ではなく，一日一回ここぞというときに実施し，継続して取り組みましょう。

❸ タブレット端末やスマートフォンを使った「一言メッセージ」

家庭生活上，気をつけたいことについて，家庭に持ち帰ったタブレット端末や保護者の登録された連絡用携帯電話に「一言メッセージ」を送信します。この一言メッセージは，帰りの会などで子どもたちと一緒に決めます。（例：「持ち物の確認をしよう！」）

★ 安全で健康な学校生活を過ごす構えづくり

長期休み明け，生活リズムを崩したり，ルールへの意識がおろそかになったりする子どもがいます。アプリケーションソフトを活用し，学期早々に修正を図ります。「守れないかもしれないこと」に対して目標を決め，目標達成したらスタンプを押すカードをタブレット端末のアプリケーションソフト（「my nicca」など）で作り，毎日取り組みます。
（例：「朝，7時に起きる」「廊下を走らない」）

目標管理アプリケーションソフト
（「my nicca」FURYU Corporation）

9月

レク 夏休みの思い出をみんなで共有 「すごろくトーキング」

⏱ 20分

ねらい すごろくを通して夏休みの思い出を伝え合い、友達と話をするきっかけをつくるため。

準備物 すごろく台紙、消しゴム、サイコロ

印藤　秀泰

⭐ どんなレク？

　長い長い夏休みが明けると、子どもたちも久しぶりの学校にわくわくしつつも、緊張するものです。久々に会う友達と「1学期はどんな会話をしていたかな？」と不安に思う子どももいることでしょう。「すごろくトーキング」はそんな不安に思っている子どもが、会話のきっかけを得て、学校の雰囲気を思い出すための"リハビリ"となるアクティビティです。ルールは簡単。サイコロを振って、出た数だけコマ（消しゴム）を動かします。それぞれのマスにはお題が書いてあり、そのお題について話をする。ただそれだけです。

「すごろくトーキング」の例

レクの流れ

❶ ルールの確認をしましょう。

①基本のルールはすごろくと同じです。
②友達の話は最後まで聞きましょう。
③話しづらいお題はパスをしてもかまいません。
④ぴったりゴールしたら，終わりです（数が多いときは，その数だけ戻りましょう）。

❷ グループに分かれてゲームをはじめましょう。

　ゲームは，3〜5人一組で行います。人数が多すぎると自分の番がなかなか回ってこず，友達の話にも飽きてしまいます。
　ゲームが始まったら，教師はそれぞれのグループを見て回ります。「うんうん」とうなずきながら子どもの話を聴いたり，話にコメントを返したりして，聞き方のロールモデルを子どもに示しましょう。また，聞き方が上手な子どもや，笑顔で友達の方を向いて話している子どもがいたら，すかさず声を掛けて価値づけましょう。
　特に，話すことが苦手な子どもや夏休み明けで緊張している子どもがいたら，横に寄り添って話をする手助けをします。「わからなかったら，パスでもいいよ」と声を掛けて，安心させてあげましょう。

❸ グループを変更しましょう。

　時間を設定して，終わったら別のメンバーですごろくトーキングを行います。くじびきにするなどして，同じメンバーにならないように調整しましょう。たくさんの友達と話をする機会をつくりましょう。

〈ポイント〉
　ゴールは難しく設定しましょう。このアクティビティの目的は，たくさん話すことです。ゴールを作らずに，ゴールマスをスタートマスとつなげて，ずっと回れるようにしてもいいですね。

9月 気になる子どもの見取りと対応
（不登校対応）

奈良　真行

★ 学校に行きづらいは，誰にでもあること

「先生，うちの子，学校に行きたくないって言うんです」という保護者からの連絡。

みなさんは，この連絡を受けて何を思うでしょうか。教員になったばかりのときは，このような連絡が入ると，とても落ち込んでしまい（自分のやり方の何がいけなかったのだろうか，私のせいで学校に来れないのだろうか），自分を責めてしまうこともあるかもしれません。もちろん，その原因が教師の言動にある場合は，しっかりと省みて対応していかなければいけません。

しかし，私たち大人も，○○したくないなぁ，しかも，その原因はよくわからないなぁということがあるのと同じように，子どもも何だかよくわからないけど，学校に行きたくないなと思うこと・時期があるものなのです。

私たちは，そういうマインドをもっておかなければ，「不登校にさせてしまった，子どもの人生をよくすることができなかった。自分のやり方は間違っていたから，人として失格だ」とまで思ってしまう可能性があるということです。

教師というのはあくまでも仕事です。自分の本質まで否定してしまっては，私たち自身が幸せになれません。

★ 子どもが出すサインを感じられるように

前述のとおり，誰しもが不登校になる可能性はありますが，その予兆を感じられたり，見えたりする場合ももちろんあります。子どもから発せられるサインを見逃さないようにするというのは，教師として重要です。

〈発せられるサインの例〉

喜怒哀楽が激しくなる（逆に少なくなる），無気力になる，集中力の明らかな低下など様々です。厚生労働省のホームページにサインの具体例が載っています。一度目を通しておくこと

をおすすめします。

長期休業明けの子どもたちは？

　学校に行きづらい子どもにとっては，学校に行かなくてもよい夏休みなどの長期休業は，逆に安心できる時期かもしれません。2学期の始業式が近づくにつれて，その安心感がなくなり不安感でいっぱいになる。統計上，夏休み明けに子どもが自分で命を落とす悲しい事案数が多くなる一つの原因として「『安心感』から『不安感』への転嫁」は挙げられることでしょう。
　そのような子どもたちに「夏休み明け，がんばって学校においでね」と教師として簡単に言えるでしょうか。私たち教師が普段から，子どもは絶対に学校に来るものだというスタンスをとっていると，このような子どもたちはとても苦しむことでしょう。

❶ 学校に来ることがすべてじゃないよ

　子どもたちに明言する必要はありませんが，学校に行きづらい子どもやその保護者に，よきタイミングで伝えると，心が軽くなる場合もあるでしょう。子どもも保護者もやはり，「学校には行かなければいけない。学校に行けない（行きづらい）のは悪いこと」と思うことも多いからです。

❷ プレッシャーにならないように

　不安感があっても，始業式という区切りでがんばって学校に来ることができたとなったとき，みなさんはどう思うでしょうか。教師としては「このまま，学校に来ることができればいいな」と思うことは当たり前です。
　ですが，このように大人が思うことが子どもに伝わり，大人の想いがプレッシャーになってしまうことは避けたいものです。学校に来ることができたという事実を，その子どもと保護者と共有し，配慮しつつ見守っていくことができるといいですね。

〈気になる子どもの対応ポイント〉
□学校に行きづらいことは，誰にでもあるというスタンスで
□子どもの発するサインを見逃さないように
□「学校に来ることがすべてではないんだよ」で安心する子ども・保護者がいると心得る

【参考】
●厚生労働省「こころもメンテしよう～ご家族・教職員の皆さんへ～」
https://www.mhlw.go.jp/kokoro/parent/link/index.html（参照日2025.01.05）

| 4月 | 5月 | 6月 | 7・8月 | 9月 | **10月** | 11月 | 12月 | 1月 | 2月 | 3月 |

10月

学級づくりのポイント

今月の見通し

一年の折り返し！
前半をふり返って後半につなぐ

福水　雄規

今月の見通し

学校行事	家庭との連携
● 運動会	● 学年・学級だより
● 音楽会	

学年・学級	他
● 運動会…クラス団結の機会に	● 秋の読書推進
● 音楽会…学年団結の機会に	● 行事と教科におけるカリキュラム・マネ
● クラスのふり返り	ジメント

　10月は，一年の折り返し地点として，前半の学習や活動をふり返り，後半に向けた目標や計画を立て直す重要な時期です。子どもたちが自分自身の成長を実感し，新たな意欲をもって後半に臨めるようサポートします。また，行事が続きますので，学習に遅れが出ないようにカリキュラム・マネジメントを心掛けましょう。

★ 行事で育つ集団にするために

❶ 音楽会で奏でる！心と心のハーモニー

　運動会での経験を生かして，音楽会に向けた準備を行います。子どもたちの創造力や表現力を育てます。練習を重ねることで，達成感と自信をもたせます。また，3年生から取り組んできたリコーダー奏に挑戦したり，鳴子やうちわ太鼓など新たに和楽器を使った演奏にも挑戦したりしてモチベーションを高めましょう。はじめは，音（声）と音（声）が重ならず，苦戦する部分もありますが，笑顔で乗り越えられるように，「いい音が出たね」「気持ちが伝わる声だ

ったね」などの教師の前向きな声掛けが必須です。パートごとの特訓時間があってもいいでしょう。練習最後は，自分の今日の姿はどうだったかふり返りの時間をとり，次時への見通しをもたせます。

❷ 後半 kickoff！１学期をさらに超える自分たちに

10月は前半の学習内容や活動をふり返り，右図のようなシートを活用して進捗状況を確認します。学習面と生活面それぞれにおいて「座標軸」を活用したり，「５点中何点？」などと数値化したりしてもよいでしょう。また，その分析をもとに子どもたちが自身の成長を実感し，達成感をもつとともに，さらなる成長へ取り組んでいけるように発表し合います。個々の成果をクラス全体で共有し，さらに成長していきたい部分を意識できるようにします。

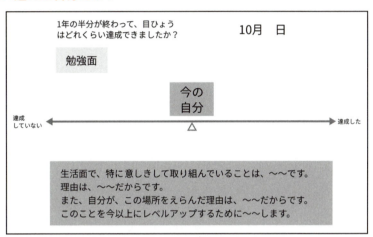

図１　振り返りシート例

次に，後半に向けた新たな目標を設定し，子どもたちが意欲的に学習や活動に取り組めるよう支援します。子どもたち自身が考える目標を設定し，主体的に取り組む意欲を育てます。また，このようなシートは年間を通してファイリングしていき，定期的に目標の進捗状況を確認しながら子どもたち一人一人にコメントを入れるなどしてサポートしていきましょう。

★ 一年の折り返しを意識するために

10月は，一年の前半をふり返り，後半に向けた新たなスタートをきるための重要な時期です。行事に向けた準備・練習を通じて協力と創造力を育て，子どもたちに達成感を味わわせたいものです。9月に立てた個人の目標を意識させながら，行事を通してどんな自分になりたいか，どんなクラスにしていきたいのかイメージできるようにしましょう。また，前半のふり返りや後半の目標設定を行い，子どもたちの意欲を引き出します。学年だよりなどでは，日常の様子や行事などに対しての子どものがんばりをどんどん発信して，保護者が安心できるように工夫しましょう。

10月 グループ活動を取り入れ 子どもの「素」の姿を捉える秋の遠足

日野 英之

★ 子どもたちの立ち位置を確認できるうってつけの場

　学級も半分が過ぎ，子どもたちのことをよくよくわかってきたと思われる時期。しかし，教師が把握できているのはあくまでも教室内・学級内の子どもの様子です。

　遠足。日頃とは異なる場所や環境だからこそ見せる子どもの姿があり，見える子どもの姿があります。その姿がともすれば「素」のその子どもの姿かもしれません。秋の遠足を子どもの「素」の姿を捉える場とし，後半戦の学級づくりの策略を練る際の一つの手掛かりに活用していきましょう。

★ 観るポイントは三つ

　教師が，「素」の姿をつかもうつかもうとすると，子どもは教師の目を気にして普段と同じ姿を示してしまう可能性があります。教師の視線が気にならない程度の距離と子どもの自然な姿が観られるポイントは次の3点です。

> 〈教師の視線を感じづらい，観察ポイント BEST 3〉
> 1位　目的地までの移動中と，帰校までの移動中
> 2位　グループ活動中
> 3位　昼食時間

❶ 目的地までの移動中と，帰校までの移動中

　3年生の遠足ともなると，行先は低学年期に比べ学校から少し離れた場所を選ぶことでしょう。とても歩いていくことができる距離ではなく，バスや電車等の公共交通機関を利用する場合も。友達とバスや電車で過ごす時間は子どもにとっては非日常の空間・時間であり，楽しいものとなります。子どもの「素」の姿が観られるビッグチャンスです。観察ポジションは，全

体を見ることができる，全体の声を聞くことができる子どもたち（車両）のど真ん中あたりがおすすめです。学校では少し頼りなさを感じる子どもの周囲に注意を促す姿や高齢者に席を譲ったりする姿。一方で，学校ではすごくしっかり屋さんの社会性の未熟な姿も。どんな姿もその子の「素」の姿。しっかりと受け止めて，これまでの指導と今後の指導を考えられるとよいでしょう。

❷ グループ活動中

　手を離すことに少々不安を感じる３年生ですが，現地ではグループ活動を取り入れ，思い切って子どもたちに委ねてみる場面を取り入れてみてもよいでしょう。大人の監視がない（とは言え，本当に監視しないわけではないのですが）なかでの子ども同士の「素」のコミュニケーションの図り方を観ることができます。グイグイと引っ張っていくリーダー性を発揮する子，周りの様子や意見を尊重し行動に移す子，一人行動を好む子……こちらも長い時間を共に過ごすことで見えてくる貴重なその子の「素」の姿です。

❸ 昼食時間

　待ちに待ったお弁当タイム。グループや班ごとで食べましょうとする学校も多いでしょうが，あえてここは何も指定せずに自由に食べさせてみましょう。「あの子は〇〇さんのグループだと思っていたけど，そうではないんだな」や「普段はかかわりがないように見えていたけれど，弁当を一緒に食べる関係なんだな」等，意外な人間関係の発見があるものです。

　ただし，食べるグループを自由にした場合には，一人で食べている子どもがいないか注意を払うようにします。もしも一人で食べている子どもがいれば教師が一緒に食べる，または教師が何人かの子どもたちを誘って一緒に食べる等の対応をとるようにしましょう。あらかじめ一人になる子どもがはっきりとわかっている場合は，グループや班ごとで食べるという設定にしてもよいでしょう。日ごろの様子と異なる子どもを知ることは大切なことですが，学級全員の「楽しかった！」を奪ってまで取り組むものではないことはしっかりと押さえておきましょう。

⭐ こちらにも配慮を！

　遠足で必ずもめると言っても過言ではない場面が，バスの座席・グループを決める場面です。
　決める際には，不平・不満を言うであろう子どもの顔を思い浮かべながら，どのような場面でどのような内容の不平・不満を言ってくるのかまでを想定しておきましょう。想定した内容を引き起こさない決め方でいくのか，想定した内容が起きるような決め方で子どもの成長を促す機会とするのかはあなた次第。もめごとが解決せず，保護者まで巻き込んでしまう場合の多くは「想定外」の事象。しっかりと想定して臨むようにしましょうね。

第３章　小学３年の学級づくり＆授業づくり　12か月の仕事術　121

10月

レク

語彙力を高めよう「ピラミッドしりとり」

ねらい しりとりに取り組むなかで様々な語彙に触れ，言語能力を高めるため。

準備物 白紙，筆記用具

⏱ 15分

印藤　秀泰

★ どんなレク？

今回は椅子に座って頭を使うレクです。しりとりは単語の語尾を語頭にもってきて，次の言葉を考えます。

「ピラミッドしりとり」では，最初は１字からはじめて，その下に２字の言葉を書きます。その下に次は２字の語尾からはじまる３字の言葉を書きます。その下には４字，５字……とつなげていきます。果たして何段のピラミッドが完成するのでしょうか。

★ レクの流れ

❶ ○文字の言葉を集めましょう。

語彙がなければ，しりとりを続けることはできません。まずは，様々な文字数の言葉を集めましょう。「２文字の言葉は何がありますか」と問うと，子どもは様々な言葉を教えてくれます。では，６文字の言葉はどうでしょう。７文字までなると，大人でも難しいですね。子どもから出た単語はヒントとして黒板に残しておきましょう。

❷ はじめの一文字を決めて，ゲームをはじめましょう。

ピラミッドの一段目は何の文字でも構いません。好きな一文字を書きましょう。書けたら，隣の友達と紙を交換します。隣から紙が来たら，ゲームスタートです。一文字の下に，その文字からはじまる二文字の言葉を書きましょう。書いたら，隣に紙を返します。隣から紙が送られてきたら，次は二文字の言葉の語尾をとって，その下に三文字の言葉を書きます。これを繰

り返して，より多くの段を目指しましょう。

❸ みんなで考えましょう。

手詰まりになったら，クラスの友達を頼りましょう。教師は，二段目・三段目で詰まっている子どもを見つけたら，「〇〇さんは"か"ではじまる三文字を探しています。思いつく人はいますか」と全体に問い掛けてみましょう。直接の答えでなく，ジェスチャーなどでヒントを伝えてもよいです。このとき，本人がヒントや協力を必要としているかどうか，必ず確認しましょう。

〈ポイント〉
❶ 勝負にして
上の流れでは，二人で交換していますが，人数を増やしてもおもしろいでしょう。また，一人で何段までいけるのかといったチャレンジをさせても子どもは意欲をもつことでしょう。

❷ しりとり遊びは他にも
今回は，ピラミッドしりとりを紹介しましたが，しりとりは他にも様々な派生ができます。例えば，「二字とり」は，語尾二文字をとって語頭にします。最後から二文字目が"ん"になると負けなので，いつものしりとりでは使えない言葉が活躍することが多く，語彙力の育成にとても役立ちます。

学級づくりのポイント

4月　5月　6月　7・8月　9月　**10月**　11月　12月　1月　2月　3月

10月

保護者対応もこれで安心

奈良　真行

★ 保護者も子どもも学校生活に慣れてきている時期

　3年生になると，学校生活や一年間の流れにいい意味で慣れてきます。このことは，保護者も同じで，学校の方針や行事の流れがよくわかるようになってきた時期です。低学年のときに比べて，保護者は子どものことで不安になる場面やそこまで細かなことを学校へ伝える場面が少なくなり，担任としては一見，連絡帳や電話での保護者からのお知らせが少なくなったと感じるかもしれません。

　しかし，ここで意識しておかないといけないことは，「保護者は不安感や困り感をため込んでいる可能性もある」ということです。「たよりがないのはよい知らせ」とも言いますが，たよりがないことが「慢心」とならないよう，保護者の対応は一つ一つていねいにしていくことが重要というのは，言うまでもありません。

★ 連絡帳対応と電話対応

〈連絡帳の場合〉

❶ コピーをとっておく（紛失に気をつける）

　連絡帳への返事を記入したあとコピーをとっておくことが理想です。どのような対応をしたか等を学年や管理職と共有する際に役立ちます。

❷ 共有するレベルを判断する

　書いてある内容によっては，学年主任や管理職等に判断を仰ぐ必要があるかもしれません。どこまで共有すべきか判断しづらい場合は，少なくとも学年の先生には相談しておきましょう。

❸ その日のうちにアクションを

　保護者からの連絡帳の記載に対して，何も書かずに返却することが一番のNG行為です。時間がなくても，「連絡帳でのお知らせありがとうございます（電話でお伝えします等）」という記入があるかないかで保護者にもたらす安心度合いには大きな違いが生じてきます。

〈電話の場合〉

電話にて連絡が来る場合は，はじめて聞く内容もあることでしょう。連絡帳の対応とは違い，余裕をもったていねいな対応が難しくなることもあります。

❶ メモをとりながら，聴きとろう

まず何より「聴く」姿勢が大切です。不安感や困り感などに対して，「〇〇さん，～のことで不安になられているのですね」というように言っている内容を繰り返し（ミラーリング）つつ，その事実を聞き取りましょう。その際に，あとで整理し直すために，必ずメモに残しておきましょう。

❷ 電話の最後にお礼を

連絡帳の際と同じように，最後はお礼を述べて電話を切りましょう。担任にとっては耳の痛い話の場合だったとしても，「お電話いただきありがとうございました。私としてもお話のなかでいろいろと考えることができました」等の言葉を伝えて，終わるようにしましょう。

★ 保護者からの連絡を活用して

保護者からの連絡を活用して，その子のがんばっているところや楽しんでいる様子を伝えてみましょう。

3年生は新しいことに取り組むことが多い学年です。理科や社会科などの新しい教科での学習の様子や，習字やリコーダーなどの新しい活動の場面が想像できるような簡単なエピソードを保護者に伝えられるとよいでしょう。個人懇談のときにしか学校生活の様子を伝えてはいけないわけではありません。機会があるときにどんどん伝えていきましょう。

〈保護者対応のポイント〉
□保護者からの連絡に対して，ノーリアクションは NG
□判断に迷った場合は，学年団等へまず相談
□連絡帳への返事はえんぴつで書きましょう（赤ペンはやめましょう）
□どんな連絡に対しても，最後はお礼を伝えましょう
□基本的には，傾聴スタイル。ミラーリングを意識して

11月

今月の見通し
子どもたちの関係を今一度見直す

福水　雄規

今月の見通し

学校行事
- 避難訓練
- オープンスクール
- 地域とのふれあい祭り

家庭との連携
- オープンスクール案内とお礼

学年・学級
- グループ学習
- チームビルディング
- 造形展，作品展（図画工作科）

他
- 言葉づかい
- 身の回りの整理整頓

11月は，行事がひと段落して，些細なトラブルが起きやすくなる時期です。学期の中だるみを乗り越えるために，子どもたちの関係を見つめ直し，クラスの団結力について考えていきましょう。

★ 個と個のつながりを大切に

❶ しかけで決まる！造形展

図画工作科の作品づくり（絵画・立体）に取り組むうえで，子どもたちがわくわくして取り組めるようなしかけを紹介します。

- 関連書展示：市の図書館に協力をお願いし，テーマに関連した本や図鑑を教室や廊下に並べることで，子どもたちが興味・関心をもてるようにします（図1）。

図1　海をテーマにした絵画作品の本

- 自分の作品と向き合う時間を設ける：絵画作品は黒板に貼って，遠くから見えるようにしたり，立体作品は正面だけではなく角度を変えて展示したりする等，工夫しましょう。そうすることで，色の濃淡や全体のバランスを確認し，修正することができます。
- 友達と作品を見合う時間を設ける：作品で「ステキ」だと感じた部分を伝え合ったり，どのように作ったか教え合ったりすることで，見方・考え方を広げるきっかけにします。また，本や図鑑を自由に見に行ける環境をつくっておきましょう。
- 作品に戻る：交流を通して気づいたことを生かし，自分の作品をさらに深めていきます。

❷ 学びのバージョンアップ！オープンスクールでの学び合い

　２学期のオープンスクールでは，子ども同士の学び合いをどのように進めているか，タブレット端末やノートを上手に活用できているかなど，１学期に比べてどのくらい成長しているのかを保護者の方に見ていただく機会と捉えましょう。授業では，教師の子どもに対する声掛け，子ども同士の学び合いに重点をおきます。保護者の方にも参加していただき，子どもと一緒に考えたり，交流し合ったりする場を設けてもいいかもしれませんね。

❸ チームで課題解決！チームビルディングのススメ「ペーパータワー」を例に

　チームビルディング活動は，子どもたちにコミュニケーション能力の向上をもたらす活動を指します。チーム内での役割を果たすことで子どもたちは達成感を得ることができ，自分の貢献が認められることで自己肯定感も高まります。

　さらに，チームで課題に取り組む過程で，うまくいくにはどうすればいいか等，意見を出し合うことを通じて問題解決能力も向上させます（※下記参考サイト参照）。

図2　ペーパータワー

⭐ グループワークやチームビルディングを活用

　大きな学校行事が終わり，ほっと一息ついたところで，些細なトラブルが発生したり，目標を見失いがちになってしまう子どもたちがいます。だからこそ，子どもたち同士のつながりを見直しましょう。グループワークやチームビルディングなどを通して目標をもって取り組む大切さを再確認させましょう。

【参考サイト】
- ビジネスゲーム研究所「チームビルディング研修に有効なおもしろゲーム＆ワーク23選！」よりペーパータワー
  https://business-games.jp/teambuiding_20works/　（参照日2025.01.29）
- 日本マシュマロチャレンジ協会「塔を立て　チームを作る」よりマシュマロチャレンジ
  http://www.marshmallow-challenge-japan.org/　（参照日2025.01.29）

| 4月 | 5月 | 6月 | 7・8月 | 9月 | 10月 | **11月** | 12月 | 1月 | 2月 | 3月 |

11月

少しずつ子ども主導に移行する
3年生ならではの芸術発表会

日野　英之

★ 社会科・理科を題材とした3年生ならではの舞台に！

空想や妄想が大好きだった低学年期を過ぎ，3年生では，現実的な思考へと変遷していきます。また，生活の基盤も広がりはじめ，自宅と学校の往復の生活圏から，次第に学校区・地域へと広がりを見せ，市や町全体への意識が強くなってきます。

そんな発達段階の3年生には，社会科や理科を中心に学んだ地域の環境についての学習の発表に取り組んでみてはいかがでしょうか。「ごみ・水問題」，「草花・山・川」等をSDGsの視点で発表する姿に，保護者はわが子の低学年からの成長を実感でき，感動の念を抱くことでしょう。

発表方法については，表現することに対し，抵抗感が少ない3年生段階です。「ごみ・水問題」，「草花・山・川」を題材とした舞台（劇）がよいのではないでしょうか。

★ 指導の流れ

低学年期の劇（舞台）指導と3年生期の劇（舞台）指導との決定的な違いは，教師の指導の在り方です。低学年期では，題材選びや選曲，脚本づくりや楽譜づくりと練習開始までは，教師が劇にかかることすべてを計画・準備していきます。子どもたちは教師が用意した劇（舞台）にそって活動を進めていく"だけ"です。

一方，3年生期では，教師が主導で進めてきた活動を少しずつ子どもたちに移していくイメージをもって取り組みを進めていきましょう。選ばれた・用意された話や曲で演じるよりも自分たちが選んだ・用意した話や曲で演じる方が意欲高く臨めることは言うまでもありません。

〈3年生劇（舞台）のおすすめ題材〉

○しんぴんよりずっといい（リサイクル・環境汚染問題）

○ゴミはボクらのたからもの（ゴミ問題）

○あちち　あちち（地球温暖化問題）

以下のようなスケジュール感で指導を進めていきましょう。

〈指導スケジュールの流れ（11月実施の場合）〉

○夏季休業中

- 役割分担（脚本づくり，全体指導，音響・照明指導，小道具・大道具指導等）

　※登場人物を多く設定できる，場面が多く設定できる物語がおすすめ

- 学習スケジュール計画，練習場所分担

　※係から大枠のスケジュールが示されるが，空き教室等の使用までは示されない場合も。

　　空き教室の活用スケジュールを早めに立て，早めの予約を！

○4週間前

- 役割決め（登場人物，音響・照明，道具関係），本読み

○3週間前

- 台本を持っての練習（各学級ごと，各教室），道具作成（作成依頼）

　※保護者に衣装等の作成依頼を掛ける場合は，最低でも3週間前までに！

○2週間前

- 体育館練習開始

　※遠くからでも観える，聴こえる，伝わる演技指導を！

○1週間前～2日前

- 場面転換・音響・照明最終確認，学年間相互鑑賞

⭐ 指導において心掛けたいこと

　冒頭に「3年生期では，教師が主導で進めてきた活動を少しずつ子どもたちに移していくイメージをもって」指導にあたりましょうと記載しましたが，劇（舞台）の経験が不足している3年生です。0から何かを生み出させるような場にせず，「先生たちで今回のテーマにそった物語を4作品選んでみました。このなかから劇にしたらおもしろそうだなぁと思うものを選んでみてください」といったように，ある程度の幅は教師側が決め「A or B」といった選択を意識し，学習を進めていくとよいでしょう。

　また，芸術発表会は，演者を育てる場ではありません。芸術発表会を通して，創造力や協調性，表現力等の「生きる力」を育む場です。「声が小さい！」「ドラマや映画でそんな身振り，見たことありますか？」等，演技ばかりに目を向けた指導では，子どもも教師も疲弊してしまうだけです。「生きる力」を育む場と捉え，本筋から外れる指導は控えるようにしましょう。

【参考文献】　●『授業力＆学級経営力』編集部編『小学3年　学級経営ペディア』明治図書

学級づくりのポイント

11月 読書のすすめ

井上 伸一

「少しの暇あらば，物の本をば，文字のあるものを懐に入れ，常に人目を忍び見るべし」
－北条早雲『早雲寺殿廿一箇条』－

寸暇を惜しんで読書に励むことは，知の泉を豊かにし，自己の成長を促すだけでなく，そこからあふれる言葉は美しく，人の心に感動を呼び起こすものです。どの学年でも読書によって，子どもの心を育て，豊かな知恵を身につけることができるようにしたいものです。

★ 読書に興味をもてるようにするために

3年生は，読書の幅も広がってくる時期です。本屋では「中学年向け」として読み物が紹介され，低学年期に比べると内容が少し高度にもなってきます。3年生の子どもが，「字数が多くなった」本の読書を敬遠することなく，興味をもって読書に取り組むことができるかが大切です。

❶ 本を手に取りやすい読書環境をつくる

子どもたちが本を手に取りやすい環境をつくる必要があります。本を手に取りやすくする環境づくりとして，子どもたちに読んでほしい本をブックスタンドに立て，その横に先生からの本の紹介文やメッセージを書いたポップを貼り，子どもたちの目を引くようにします。また，子どもにポップを書いてもらい，友達からのおすすめの本として提示するのも効果的です。

❷ 読書タイムの設定

- 朝の読書タイム
- 昼の隙間時間（給食準備中の時間など）
- 帰りの準備の隙間時間

がおすすめです。

本とブックスタンドとポップ

130

❸ 読んだ本を記録する

　自分がどれくらい本を読んだのか，その量を視覚化することは次の読書へと向かう意欲づけになります。また，読書記録をつけると，自分がどのような本を読み，何を感じたのかふり返りの材料にもなります。

読書記録の方法

読書手帳	題名と一言感想を書く欄を作り，読んだ冊数がわかるように順番に番号をふる。
読書すごろく	自分で読む冊数の目標を決め，その冊数分だけマスを作り，すごろくにする。マスのなかには本の題名を書く。
読書アプリ	タブレット端末で読書記録のアプリケーションソフトを使い，記録する。バーコードの読みとりができるアプリもある。
読書スライド	プレゼンテーションソフトを使い，読んだ本の記録をスライド一枚にまとめる。

❹ 季節や行事，出来事に合った本を用意

　日常の生活に沿って，季節や行事，出来事に合わせた本を選び，興味がわくようにします。例えば，3年生の理科で「昆虫の体のつくり」を学習をする際には，昆虫図鑑や昆虫が出てくる物語の本などを用意し，教科学習と読書活動をカリキュラム・マネジメントすることで本への関心を高めることができるでしょう。

飼育している蛍と関連する本の紹介

⭐ 本の読み聞かせ

　3年生でも，読み聞かせをすると，話に没頭する姿が見られます。読み聞かせのコツは，顎を下げない姿勢です。まっすぐ座って声帯や呼吸を圧迫しないようにすると，楽に美しく読むことができます。

⭐ 英語の本の読み聞かせ

　外国語活動がはじまる3年生です。英語の絵本を読み聞かせ，英語に慣れ親しみ，英語でコミュニケーションをとることができる力を育てていきましょう。読み聞かせの際に，絵を指し示しながら読んだり，ボディランゲージを多用したりして，英語の意味を類推できるように読み聞かせすると効果的です。また，英語の本の特設コーナーを設置することも効果的です。

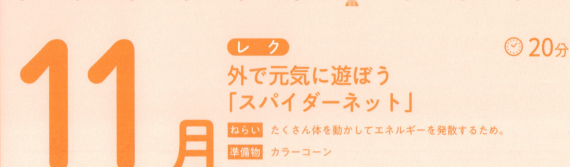

11月

レク
外で元気に遊ぼう「スパイダーネット」

ねらい たくさん体を動かしてエネルギーを発散するため。
準備物 カラーコーン

⏰ 20分

印藤　秀泰

⭐ どんなレク？

「スパイダーネット」は，外で思いっきり体を動かすゲームです。長方形のコートを往復することを目指します。しかし，コートには鬼がいます。鬼にタッチされたら退場です。退場になったら，コートの外に置いてあるコーンの横に一列に並びます。しかし，誰かがコートを三往復したら，一人復活することができます。果たして制限時間まで鬼から全滅せずに逃げきることができるでしょうか。

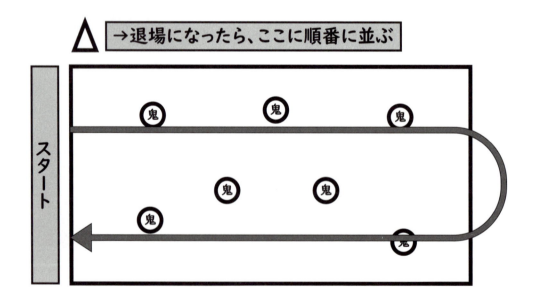

レクの流れ

> ❶ ルールを確認して，鬼を決めましょう。

ルール確認の際には，3往復した際の合図を決めておきます。「3往復！」と叫ぶのか，もしくは，退場した先頭とタッチするでもよいでしょう。

退場したときの並ぶ場所も全員で確認しておきましょう。

> ❷ ゲームをはじめましょう。

ゲームがはじまったら，教師はクラスの様子を見ましょう。鬼がタッチしたかしていないかは本人たちでわからない場合もあります。よく見ておくと，トラブルなく進めることができます。また，退場した子どもに声を掛けに行くことも大切です。「一緒に応援しよう！」と声を掛けて，応援する大切さを伝えることも必要です。

〈ポイント〉
❶ **鬼の人数**
鬼の人数は，クラスの人数の5分の1程度がよいでしょう。また，コートの横幅を広くすると，鬼の人数が増えても難易度を変えずに行うことができます。子どもの実態に合わせて，調整しながら取り組んでください。

❷ **なかなか往復できない**
鬼とのバランスがうまくいかず，早くに退場者が多く出た場合は，途中で往復の回数を減らしたり，時間が経てば退場者から数人復活できるルールを取り入れたりして，臨機応変に対応しましょう。

ただ，このゲームは退場者が多くなってきたときに，3往復できればヒーローになれるゲームです。鬼の意欲のためにも，あからさまに鬼以外が有利にならないように気をつけましょう。

学級づくりのポイント

4月　5月　6月　7・8月　9月　10月　**11月**　12月　1月　2月　3月

11月 子どもが輝く掲示（作品展など）

奈良　真行

★ 掲示や展示することの目的とは

　子どもの絵や工作，作文やまとめ新聞など，それらを学校内や教室内に展示したり，掲示したりすることはどの学校でもあるでしょう。11月という時期には，作品展という形式で学校行事として展示発表を行う場合もあります。作品展となると，教師も力が入ってしまい，展示方法に工夫を凝らすために，遅くまで会場準備を行う。このようなことはないでしょうか。

　掲示・展示の目的は，学びの成果の発表の場であるのと同時に，仲間がお互いに鑑賞し合うことで，新たな視点を得たり，見方を広げたり，仲間のよさ・思いを知るということにあります。「掲示・展示」という意味では，作品展であっても，日々の授業の延長戦であるといった捉え方で進めていきましょう（ちなみに，運動会も同じく日々の成果の発表の場として捉えられますね）。

★ 教室での掲示・展示

　教室での掲示・展示方法は多岐にわたります。様々な教科の掲示や展示を行うと，教室は整理がつかなくなるかもしれません。まずは，自分の得意な教科の成果物からはじめてみましょう。3年生では，社会科で地域のことを調べて白地図に書き込んだり，初めての活動となる習字を台紙に貼って掲示することもあるでしょう。ここで注意することは，教室の見通しが悪くなるような掲示や展示はしないようにすることです。教室環境を悪化させてしまうような掲示・展示では本末転倒です。押しピンで留めるなら，きっちり落ちないようにする，フックに引っ掛ける場合は，そのフックが子どもの目線と同じような高さにならないようにする等，安全面に配慮した掲示・展示を心掛けましょう。

★ 作品展における掲示・展示

　作品展の掲示・展示方法は，学校全体で提案され，学年で話し合って決める場合が多いでしょう。学校行事として行われ，保護者も見に来ることを考えると，展示・掲示のテーマを明確に設定し，そのテーマに合う世界観を演出できるといいですね。例えば，「水」を表現したいのならば，材料には，スズランテープ，ビニル袋，サテン生地，綿等からどの素材がふさわしいのか，どのように用いるとよりテーマに沿ったものとなるのか等，全体の演出は展示の方向性を決める大きなものです。中学年段階は，教員が中心となって進められるとよいでしょう。

❶ 子どもの作品を大切に

　もちろん，子どもの作品を大切に扱わない先生はいないでしょう。子どもの作品への思いや作成の過程を知っているからこそ，できればその思いや過程の努力が見えるような掲示・展示になるようにしましょう。

　全体の作品テーマがあるならば，一人一人の作品が集まったときに，その全体テーマがわかるように，色合いや距離感等に配慮をし，配置に工夫を施しましょう。

❷ 空間を大きく使って

　展示する場所は，何かの台の上や壁に貼りつけるだけではありません。体育館などの広い室内であれば，空間を生かした展示もすることができます。バスケットゴール二つの間にひもを渡し，そこに作品を吊ったり，掛けたりすると，鑑賞する子どもや保護者の視線は，空間すべてに向かうでしょう。

　様々な掲示・展示方法を見つけ，子どもの作品をより輝かせることができればいいですね。

〈掲示・展示で押さえるべきポイント〉
□日々の授業や学びの積み重ねを掲示・展示しよう
□教室での掲示・展示は，見通しが悪くならないよう注意する

| 4月 | 5月 | 6月 | 7・8月 | 9月 | 10月 | 11月 | **12月** | 1月 | 2月 | 3月 |

今月の見通し

12月

これまでの成長を，
子ども・保護者と共有する

福水　雄規

今月の見通し

学校行事
- 大掃除
- 持久走（マラソン）大会
- 終業式

家庭との連携
- 通知表配付…通知表所見にかわる様子報告
- 学級（学年）だよりの発行

学年・学級
- 個別面談
- 学期末のふり返り
- 学期末のまとめ

他
- 冬休みの生活について

　12月は1年の締めくくりの月です。子どもたちがこれまで学習したことを生かしてクイズ大会を開催したり，自分自身の成長をふり返ったりする機会をつくるとよいでしょう。子どもたち自身にオリジナル問題を作成させたり，教師が個人面談やふり返りシートなどを活用したりして，子どもたちの成長や学びをふり返らせましょう。こうすることで，自信をもたせるとともに，次の目標に向けた意欲を引き出します。よい締めくくりが，次へのスタートの第一歩となります。

⭐ おすすめの取り組み

❶ クイズ大会で学習のまとめをしよう！

　学期末も近づき，3年生で学んできた内容をふり返るクイズ大会を行います。3年生になってから，国語科や算数科に加え，理科や社会科といった新しい教科も勉強してきました。

　クイズ大会では，ここまで習った内容を楽しくふり返ることで，子どもたちの記憶を定着さ

せることができます。Keynote（Apple）やKahoot!
（Kahoot!）などで作成したオリジナル問題を通し，楽
しみながら自然と復習ができ，学期末のまとめとして
も効果的です（図1）。子どもたちが楽しみながら自
分の成長を感じられる時間にしていきましょう。

図1　子どもたちが作ったクイズ

❷ **大掃除de学校も心もピカピカにしよう！**

　2学期末の大掃除は，子どもたちに整理整頓や清掃
の大切さを実感させることが重要です。右のポイント
（図2）を意識させ，心地よい環境で新年を迎える準備を進めます。
- 時間を守る：チャイムで掃除をはじめ，チャイムで掃除を
終えます。時間いっぱいこだわりましょう。
- サイレント掃除：無駄な話し声をなくし，掃除時間に没頭
できるようにします。掃除にまつわる歌などを流しても
いいですね（本校は「トイレの神様」）。
- 見つけ掃除：自分の掃除場所が終わったら移動せず，その場を徹底的に磨きます。

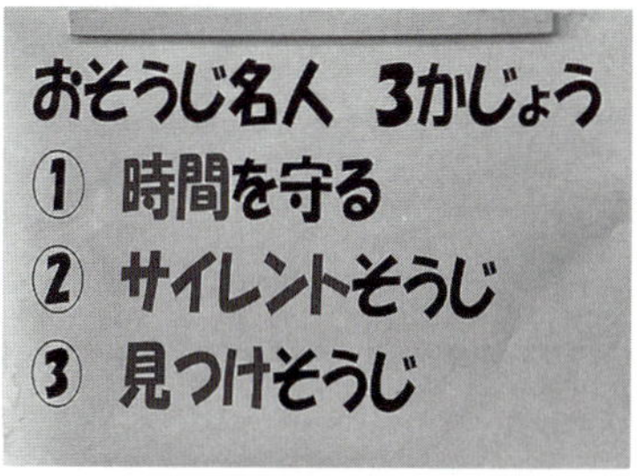

図2　掃除のポイント

❸ **「成長黒板」で自分の成長を書き出し，来年につなげよう**

　終業式には，黒板を一部子どもた
ちに委ね，勉強や生活面に対して今
成長できた部分について，キーワー
ドを思いつく限り書き出させます。
一回につき一つのキーワードを書き，
列ごとにチョークをバトン代わりに
してリレー形式で一定時間が過ぎる

図3　みんなの成長黒板

まで書き続けさせます。友達と同じキーワードが出てきてもOKとし，書き終わったら，成長
の見える化を図り，クラスで共有していきます（図3）。

★ 学期末，自分自身と向き合い，成長を確認しよう

　12月は一年の締めくくりとして，これまでの成長を子どもたちとふり返る大切な時期です。
クイズを用いた学習のまとめを行う一方で，今までの行事を通して身につけたことや，自信に
なったこと，大変だったことなど，子どもたちがじっくりと自分に向き合う時間をとり，成長
を確認することで達成感を味わわせましょう。

| 4月 | 5月 | 6月 | 7・8月 | 9月 | 10月 | 11月 | **12月** | 1月 | 2月 | 3月 |

12月

体調管理のうえで心掛けたいこと

井上　伸一

　新型コロナウイルス感染拡大防止のための「新しい生活様式」は，様々な制限のなかで展開され，子どもたちの学校生活に大きな影響をもたらしました。各種制限はなくなりましたが，獲得した新型コロナウイルス感染拡大防止策・予防策を有効に活用しつつ，我慢や不安な思いをすることなく，適切な感染症対策を講じ，前向きに健康づくりを進めていきたいものです。

　12月の寒さが増す時期は，とりわけ学校自体の感染症に対する関心が高く，その防止にあたって，日常の活動を自律的にコントロールする必要があります。

⭐ 子どもたちの体調管理のために

　体調管理は，学校だけの活動ではなかなか難しいものですし，主体的な活動としてあまり展開されづらいものです。3年生の子どもたちの体調管理を強化し，主体的に健康で安全な学校生活をつくるポイントは，次の三つの視点です。

〈健康な生活をつくるための三つの視点〉

□学校生活上の衛生管理
　3年生でできる衛生管理の定着を図り，病気に負けない強い体をつくります。

□家庭生活上の健康管理
　家庭生活において，健康的な生活を送ることができるよう習慣化を図ります。

□自分たちの健康な生活を守る啓蒙活動
　3年生が自分自身で健康な生活を守ろうとする態度を育てる活動を展開します。

⭐ 学校で健康な生活をつくる

　この時期，一番心配なのはインフルエンザ等の感染症の拡大です。こうした感染症を防ぐ一番の近道は，「手洗い，うがい，マスク」です。これらを励行するタイミングを次の定時に必ず行うように指導しましょう。

- 登校してきたとき
- 外遊びや体育科の授業から教室に戻ってきたとき
- 給食の前
- 家庭での活動を励行するための下校直前

⭐ 家庭で健康な生活をつくる

　３年生の発達段階の子どもが体調を崩す要因として，寝不足，不規則な食生活，心理的ストレスがあります。家庭と連携し，これらの不安要因をできるだけ取り除きます。

十分な睡眠時間	「早寝，早起き」のように規則的な睡眠時間をとるために，記録カードを渡して活動を促す。
朝ごはん	朝ごはんは大切。問題は，朝ごはんを提供してもらえない家庭が少なからずあるということ。管理職，養護教諭と相談し，関連機関と連携して対応する。教師一人で抱え込まない。
保護者との会話	家庭で子どもの気持ちを聞く時間の大切さを，懇談で訴える。

⭐ みんなで健康な生活をつくる

　３年生自らが健康な生活を守るために，仲間と協力して活動するようにします。

健康クイズ大会	健康な生活に関するクイズを作成し，学級でクイズ大会を開く。
うんこ漢字カード	朝の排便ができたら，３年生の既習漢字を一文字書く。一定期間の漢字カードを用意し，全部貯まればうんこシールを表に貼る。
手洗いシール運動	給食前に手洗いをきちんとしたら，子ども同士でごほうびシールを渡し，表に貼る。

　係活動と取り組みを連動させ，活動の成功報酬として，健康お楽しみ会（学級全員による屋外遊びなど）を開催すると，より効果的です。

第３章　小学３年の学級づくり＆授業づくり　12か月の仕事術　139

| 4月 | 5月 | 6月 | 7・8月 | 9月 | 10月 | 11月 | **12月** | 1月 | 2月 | 3月 |

学級づくりのポイント

12月

レク
2学期のお楽しみ会に
「ダウンナンバー」

⏱ 15分

ねらい 駆け引きをするなかで，みんなで盛り上がり，2学期の思い出をつくるため。

準備物 白い紙

印藤　秀泰

★ どんなレク？

「ダウンナンバー」は個人でもチームでも楽しむことのできるゲームです。一人一つずつ数字を決めます。順番に聞いていき，同じ数字を選んだ人がいなければOK。そのなかで，一番小さい数字を一人で選んでいた人が優勝です。

★ レクの流れ

❶ 数字を決めましょう。

1～50のなかで，数字を一つ決めます。より小さい数字にすれば優勝が近づきます。しかし，小さい数字はほかの人と被る可能性も高くなります。数字を決めたら，紙に大きく書いて伏せます。

❷ 順番に数字をコールしましょう。

50から順番にコールして，自分の数字が来たら立ちます。二人以上が同時に立ったら残念，座ります。一人で立っていたら暫定優勝として，数字と名前を黒板に書いておきましょう。"1"をコールするまで続けて，最後まで一番小さい数字で一人で立っていた人が優勝です。

❸ チームで行いましょう。

　次はチーム戦です。三〜五人程度でチームとなり，どの数字にするか相談します。選ぶ数字は１〜10などと範囲を狭めると，ゲームの時間を短縮できます。チームで相談する時間には，教師は各チームを回って話し合いの様子を見守りましょう。聞き方が上手な子どもなど，素敵な姿はすかさず声を掛けて価値づけましょう。
　全チームの数字が決まったら，10から順番に数字をコールしていきます。一人より，チームの方が展開が早く，盛り上がります。

〈ポイント〉
❶ 盛り上がりに欠ける場合
　このゲームの盛り上がるポイントは，より小さい数字で立ったときです。
　逆に言えば，安全を考えて大きな数字で一人で立つ子どもが多ければ，盛り上がらずに終わってしまいます。そんなときには，選べる数字の範囲を狭くします。クラスの人数よりも選べる数字を小さくしたら，必然的に数字がかぶります。
　しかし，大きな数字からカウントダウンして，誰も立たなかったときのハラハラ感も捨てがたく，クラスの実態に応じていろいろと試してみましょう。

❷ 教師の盛り上げが大切
　ただ数字をコールするだけでなく，「○○さんは，なぜその数字を選んだの？」など，途中にインタビューを入れることもゲームを楽しくするポイントの一つです。子どもの考えを尋ねると，その子どもの考え方が見えてきます。安全志向なのか，チャレンジングな性格なのか。子どもの相互理解の観点からもどんどんインタビューしていきましょう。

第３章　小学３年の学級づくり＆授業づくり　12か月の仕事術　141

12月 ただただ楽しかったで終わらない お楽しみ会

奈良 真行

★ お楽しみ会がただの楽しかったで終わらないように

　こんなお楽しみ会は嫌ですよね。
○ケンカが起きるお楽しみ会
○同じ演目が延々続くお楽しみ会
○「静かにしましょう」と何度も司会が言うお楽しみ会
　このようなお楽しみ会にならないように、「お楽しみ会をする目的」を子どもたちとしっかり話し合い、共有しておきましょう。2学期の終わりならば、「がんばったことをみんなで喜び合おう！」や「残りの3年生をさらによいクラスにしていこう！」などがよいでしょう。
　お楽しみ会を単発のイベントとして開催するのではなく、特別活動の授業を活用しながら、計画を立てたり、話し合ったりすることで、子どもたちにとっても達成感のある充実したお楽しみ会になるはずです。

★ 3年生としての成功体験を

　お楽しみ会の目的を話し合い、共有したからといって、あとは子どもたちに任せて準備計画を行わせることは、3年生にとっては、まだまだ難しいことも多いでしょう。任せられそうなところは任せていきますが、方向性の提示や軌道修正などは適宜していきましょう。

　そのためには、お楽しみ会を行う準備期間を2週間程度はとるようにします。特別活動の時間を活用することで、お楽しみ会も授業の一環であるということを子どもたちに認識させることができます。
　まだ3年生の子どもたちです。話し合う過程でトラブルが起きたり、我を通したいという子どもの姿も出てくることでしょう。トラブルもよい機会と捉え、粘り強く対応していきます。

⭐ お楽しみ会での役割をつくり出そう

「さあ，お楽しみ会をするよ，何をしたいですか？」と子どもたちに投げ掛けたとき，真っ先に返ってくる役割は，『司会』や『演者（手品をしたい，劇をしたいなど）』でしょう。これらの役割だけでは，お楽しみ会は当日出演する一部の子どもたちと，それを観るお客さんという様相になります。学級全体でお楽しみ会に取り組むためにも，計画準備の段階から当日まで，一人一人に役割をもたせましょう。

以下のような担当があります。参考にしてみてください。

❶ 飾り担当

お楽しみ会当日，教室が華やかで楽しい雰囲気になるように活動する役割を担います。3年生であれば，折り紙で飾ったり，輪飾り作りやポスターを作ってお楽しみ会の告知などをしたりすることもあります。

❷ プログラム作成担当

演目の順番について，出演する子どもたちと調整しながら決めていく役割を担います。どのような順番だと，観ている人を楽しませられるか，会の目的を達成できそうかなどを考える役割です。3年生であれば，先生も一緒に考えてあげるとよいかもしれません。

❸ 記念品担当

お楽しみ会の開催を記念して，一人一人の子どもたちや，学級全体へのプレゼントを制作する役割です。小さな賞状を作ってラミネートしたり，写真を撮って小さなアルバムにして学級文庫に入れたりと内容は様々です。当日には，記念品を渡すというプログラムも入れることで，大きな達成感を得られるでしょう。

子どもたちと話し合いながら，いろいろな役割を考えられると，学級づくりにもつながっていきますね。

〈お楽しみ会づくりのポイント〉

□お楽しみ会も授業の一環

□一人一人の役割をつくって達成感を

□出演している子ども，それを見るお客さんという形にならないように

第3章 小学3年の学級づくり＆授業づくり 12か月の仕事術 143

| 4月 | 5月 | 6月 | 7・8月 | 9月 | 10月 | 11月 | 12月 | 1月 | 2月 | 3月 |

今月の見通し

見通しをもってラストスパート3か月を

1月

福水　雄規

今月の見通し

学校行事
- 始業式
- 書き初め大会

家庭との連携
- 健康管理
- 生活リズムの見直し
- 学びのフォローアップ
- オープンスクール案内

学年・学級
- 3学期の目標設定
- 学習計画の見直し

他
- 学級閉鎖に気をつける
- 掲示物確認と作成
  （オープンスクールに向けて）

　1月は新年と3学期のはじまりを迎える重要な時期です。残り3か月を計画的に過ごすために，子どもたちと個人・学級目標を再確認し，意欲を育てることを重視します。見通しをもたせて3学期を過ごすことで一年間の成長を実感しやすくします。3年生のゴールが見えているからこそ，学習面や生活面において今まで積み重ねてやってきたことをていねいに行います。

★ 取り組みを再確認し，よりよい学びにするために

❶ 学習計画の見直し

　これまでの学習内容をふり返り，わり算，漢字学習など必要な復習を行います。理解している部分，理解できていない部分を明らかにし，個別の学習計画を立てることで子どもたちが見通しをもって学べるようにします。

- ふり返りの時間：これまでの学習内容をふり返り，子どもたちが学んだことを確認します。
- 学習計画の見直し：個別の学習計画を立て，必要な補強を行います。

- 計画を可視化する：子どもたちの計画を掲示し，可視化することで，子どもたちが計画を意識しながら学習や生活に取り組めるようにします。

❷ **学年だよりで最後のオープンスクールの告知を**

　2月には，最後のオープンスクールを迎える学校が多いことでしょう。最後のオープンスクールでは，保護者の方々がこの一年の子どもたちの成長度合いやどのようにクラスメイトと共に学んできたかを確認する大切な機会です。

　発表会形式をとる学校では，発表内容や発表時間のおおよその目安を保護者に事前にお知らせしておくとよいでしょう。

❸ **学級閉鎖を防ぐために！今すぐできる感染対策**

　冬になると，インフルエンザやその他の感染症が流行するため，学級閉鎖の可能性が高まります。学級閉鎖を避けるために，以下のポイントに注意しましょう。

- **健康管理の徹底**
- **教室環境の管理**
- **情報の共有**
- **学級閉鎖時の対応**

手を洗おう　消毒しよう　うがいをしよう　マスクをしよう　換気をしよう　うちで過ごそう

　日頃からの健康管理や教室環境の整備，情報共有を徹底することで，リスクを最小限に抑えることができます。保護者の協力は欠かせません。しっかりと連携を図っていきましょう。

★ 今までの学びをふり返り成長を実感しよう

　1月は新年と3学期のはじまりの重要な時期です。学習計画を見直し，復習や補強を行うことで子どもたちの自信を育んでいきましょう。

　最後のオープンスクールでは，発表内容や時間を事前に通知し，保護者の参観がスムーズになるよう配慮します。

　学級閉鎖を防ぐためには，健康管理や教室環境の整備，情報共有を徹底し，保護者と連携して感染対策をとりましょう。小さな配慮や取組が，大きな成果を生み出すことでしょう。

1月 目的と具体性をもたせて防災「作業」ではなく防災「訓練」に

日野 英之

⭐ 作業から訓練に！

「〇時に放送が入ります。放送が入ったら，机の下に身をしのばせてください。絶対お話してはいけませんよ。五分後に地震がおさまったという放送が入ります。放送が入ったら廊下に並んで運動場へ避難します」のような説明をしてから訓練に臨まれていませんか。このまま訓練を進められた場合，それは訓練ではなく作業です。では，作業に終わることの多い防災訓練を訓練に変えていくためには，どのようなことに注意して臨めばよいのでしょうか。

⭐ 作業を訓練に変えるポイント！

作業から訓練に変えるためには，目的をもたせることと実際の状況のイメージを具体的にもたせることです。目的をもたせるために，または実際の状況をイメージできるようにするためには次のようなことを心掛けましょう。

〈作業を訓練に変えるポイント三つ〉
- 映像や体験を通して
- 被災者の声を通して
- 教員の姿を通して

❶ 映像や体験を通して

火災と言われても，地震と言われても……被災を経験したことがない３年生には実際の火事を想像することは難しいですし，地震といっても高速道路が陥落するほどの揺れを想像することはできないでしょう。かくいう私も10ｍの津波が来るなんてことは東日本大震災が起きるまでは想像することすらできない事象でした。

SNSが発達した昨今。被災の映像はどこからでも手に入れることができます。映像を通し

て火災や地震の実態をしっかりとつかませましょう。また，校外学習で防災センターを訪問してみるのもよいでしょう。起震車や消火活動等の体験活動は，子どもたちに地震や火災の具体的なイメージをもたせることはもちろんですが，イメージの持続性という観点からも非常に有効な教材です。見たことを見たままに，経験したことを経験したままに捉えることができる3年生。映像等の視覚教材や体験活動を積極的に導入して，実際の状況のイメージをもたせましょう。

❷ 被災者の声を通して

　災害がもたらすのは何も物的な損壊だけではありません。人の心情や身体，人間関係すらも壊してしまいます。被災すると人はどのようになるのか，どのような変化を遂げるのかは，実際に被災にあった方の声を通して学習していきます。

　家を失うこととは，地域を失うこととは，命を失うこととは……自分ではどうしようもできないこともある。けれども自分の対応次第でどうにかできるものもある。防災訓練では後者の「自分の対応次第でどうにかできる」ことを学ぶ場なのだと伝えましょう。3年生の防災訓練に向かう姿勢が大きく変わることは間違いありません。

❸ 教員の姿を通して

　自我の形成が始まる3年生期の子どもたち。大人たちの言うことをきちんと守ろうとする姿や姿勢が見られる段階とも言えます。身近な大人の影響を受けやすい年ごろと言っても過言ではありません。3年生期の子どもにとって最も身近に感じる大人は……そう，皆さんです。教員の声に，姿に，姿勢に影響を受ける時期です。目の前の，影響のある教師が**防災訓練を防災作業**として取り組んでいたのでは，しっかりと取り組んできた事前学習の効果が半減してしまいます。訓練の際には実際に大きな火災や地震が起きた場合を想定し，大きな声を出し，必死の形相で真剣に取り組みましょう。教師のふるまいや姿が3年生期の子どもたちにとっての最大の教材となります。

⭐ こちらにも配慮を！

　様々な活動を通して，子どもたちに具体的なイメージをもってもらうことが**「作業が訓練」**に変わる方法だということを伝えてきました。一方で，過敏に過剰に映像や声を受け取る子どもがいるということを忘れてはいけません。過剰に反応してしまう子どもは，反応が身体の変調につながったり，心がしんどくなってしまったりすることにもつながりかねません。映像を見せる際や体験活動に臨ませる前には，事前に映像や体験活動の内容を管理職や主任に相談のうえ，適切なものを採用するようにしましょう。

第3章　小学3年の学級づくり＆授業づくり　12か月の仕事術　147

| 4月 | 5月 | 6月 | 7・8月 | 9月 | 10月 | 11月 | 12月 | **1月** | 2月 | 3月 |

学級づくりのポイント

1月

レク
質問がゲームのポイント「ワードウルフ」

⏱ 15分

ねらい 会話の必要性が生まれるゲームでかかわり合いを生むため。
準備物 特になし

印藤　秀泰

どんなレク？

「ワードウルフ」は話し合うことが必要になるゲームです。四人程度でグループになって，"お題"について話し合います。しかし，グループに一人だけ別の"お題"を提示されている人がいます。その一人を見つけるゲームです。

誰が別のお題を出されているのか。はたまた自分が別のお題を出されている一人なのか。ハラハラしながら会話を楽しみましょう。

レクの流れ

❶ お題を確認しましょう。

まずはそれぞれのお題を確認します。グループで一番から四番（五人グループがある場合は五番）まで決めて，顔を伏せます。全員が顔を伏せたら，「一番の人は顔を上げましょう」と伝え，一番にお題を伝えます。伝え終わったら「顔を伏せましょう」と伝え，「二番の人は顔を上げましょう」と伝えます。お題を伝える際は，ホワイトボードで伝えたり，パワーポイントで用意したり，声に出さなくても伝えられる工夫をしましょう。何番目に別のお題を伝えるかはあらかじめ決めておき，全員にお題を伝えたらゲームスタートです。

❷ 話し合いタイムをとりましょう。

話し合いの時間は，3分程度にしましょう。短すぎると，誰が別のお題なのかわかる前に終

わってしまいます。話し合っている間，けん制し合って話していないグループがあったら，教師から質問を投げ掛けましょう。例えば，お題が「りんご」と「なし」ならば，「それは，どんな味がしますか」など，二つのものに共通していて，かつ答えがはっきりわからないものを質問します。「色は何色ですか」だと，答えがはっきりわかってしまいます。この"塩梅"がゲームの大切なところです。

> ~お題の例~
> 「こくご」と「さんすう」
> 「百万円」と「一億円」
> 「教科書」と「ドリル」
> 「野球」と「卓球」
> 「給食当番」と「そうじ当番」
> 「車」と「ジェットコースター」

❸ 違うお題の人を予想しましょう。

　話し合いタイムが終わったら，誰が別のお題なのか考えます。全員の考えがまとまったら，せーので思った人を指さします。一番多く指をさされた人が，その班の答えとなります。教師から正解を伝え，答えが合っていたら，その他の3人の勝利。間違えていたら，違うお題を出された一人の勝利となります。

〈ポイント〉
❶ お題に困ったら

　お題は，似ているものがおもしろいです。例えば「ねこと犬」「サッカーとバスケットボール」「青と緑」「チューリップとバラ」「コーヒーと紅茶」「タブレットとスマートフォン」などです。ジャンルを合わせて，どんな質問が子どもたちから出るか考えるとよいでしょう。

❷ より楽しくするために

　別のお題を出された人は，技術が必要になります。自分が一人だと気づいても，ごまかすことはなかなか難しいことです。そんなときは，見破られても，対になるもう一つのお題（多数派のお題）を言いあてることができたら，引き分けにもち込めるというルールを追加しましょう。そうすることで，多数側も迂闊に質問に答えることができずに，疑心暗鬼を助長することができます。子どもたちの実態に合わせて，ぜひ試してみてください。

第3章　小学3年の学級づくり＆授業づくり　12か月の仕事術　149

1月 特別支援教育等，課題を抱える子どもたちと学級づくり

奈良　真行

⭐ 学級に所属するすべての子どもに安心・安全を

　学級には，様々な子どもたちがいます。発達に課題のある子，身体が不自由で介助が必要な子，家庭状況に支援が必要な子，突出して一部の能力だけが秀でている子など。どの子どもも学級では，安心・安全に過ごすことができないといけません。

　ここでは，特に発達に課題のある子どもを，どのように学級に位置づけ，みんなで安心・安全に過ごしていくかということに焦点化していきます。

⭐ 特性について

　特別支援学級に在籍しているかどうかだけで判断するのではありません。個別の指導計画や個別の教育支援計画が作成されていることで，支援の手立てにすることはできますが，それがすべてではありません。

　日々の話のなかで，仲間と一緒に過ごしている様子から捉えた事実から，どのような特性があるかを知ることができます。一人一人の「得意」や「苦手」を知ることで，どのように学級に位置づけ，指導・支援をするのか考えることができます。

⭐ 保護者の思いを

　学級で過ごしている様子を保護者と共有しながら，保護者としての願いを知りましょう。担任等としても学級でどのように過ごしてほしいか，どのように学びを積み重ねてほしいかを伝え，共有していきましょう。ここでのギャップで苦しむのは，子どもです。「もうすぐ4年生だから」という前提はほぼ意味がなく，この前提がさらに子どもを苦しめてしまいます。

⭐ 担任等の対応の仕方がモデルに

3年生の担任等として、発達に課題のある子どもをどのように学級に位置づければよいのでしょうか。子どもの特性や課題は人それぞれです。とすると、発達に課題がある子どもの学級への位置づけ方は「コレです」と一言で表すことはできません。

担任等として、重要なことは、どのように学級で過ごしてほしいか、学びを積み重ねてほしいか、仲間とどのようなかかわり方をしてほしいかを具現化しながら、日々対応するその姿を学級全体に見せることなのです。担任等の言動は、学級の子どもたち全員のモデルとなります。冷たい対応をすれば、それが学級全体のモデルとなります。あたたかく見守りながら、よいタイミングで支援すれば、それがモデルとなります。以下の①②はモデルとしてふるまう教師の例です。

このように考えると、授業力をのばすことと同じように、教師として支援が必要な子どもに関する知識・スキルを学ぶことは大切なのです。

❶ 仲間とのかかわり方がわからないAさん

かかわりたいが、どのようにかかわればよいかわからない3年生ならば、担任等が「一緒に遊んであげて」と伝えるのではなく、担任も含めて一緒に遊びましょう。

❷ 授業中になんでも答えを言ってしまうBさん

算数科の授業中に、先生の問いに対して、黙っていられずすぐに答えを言ってしまう場面ってありますね。

「Bさん、勝手に話しません」と言うと、それがモデルとなり、クラスの仲間もBさんに対してそのような言動をとるようになるかもしれません。「Bさんはどうしてそう思ったのかな？」というように、Bさんの発言がクラスの学びになるよう、授業づくりをしたり、Bさんの発言で学びが深まったという価値づけをできるようにするとよいでしょう。

心に余裕をもって、発達に課題のある子どもへの対応を行い、よいモデルを学級にしみわたらせ、所属する誰もが安心・安全に過ごせるようにしていきましょう。

〈課題のある子どものいる学級づくりのポイント〉
□課題のある子どもへの対応は、教師がモデルとなり学級へ広がっていく
□モデルの善し悪しで、安心・安全な学級になるかどうか分かれていく

| 4月 | 5月 | 6月 | 7・8月 | 9月 | 10月 | 11月 | 12月 | 1月 | **2月** | 3月 |

2月

今月の見通し

一年の集大成を意識して
苦手・やり残しなく次学年に

福水　雄規

今月の見通し

学校行事
- 節分集会
- オープンスクール

学年・学級
- 学習発表会（異学年交流）

家庭との連携
- 学級懇談会（オープンスクール後）

他
- 学級閉鎖…感染対策・手洗いうがいの喚起

　2月は学期の中盤で，子どもたちの成長を確認する重要な時期です。オープンスクールや下級生に向けて学習したことの成果を発表します。毎月立てている個人目標や4月に立てた学級目標に対する意欲を高めるため，計画的に学習やクラス活動に取り組みます。オープンスクールの準備として，発表内容や時間を保護者に事前に通知しておきましょう。懇談会を通じて保護者とのコミュニケーションも深めましょう。

⭐ オープンスクールと学級懇談会で成長をアピールしよう

❶ 充実したオープンスクールにするために

　オープンスクールの事前準備と当日の授業内容のポイントを示します。

〈事前準備〉

- 保護者の方に発表内容や時間を事前に通知しておきましょう。保護者が自分の子どもの発表を見逃す心配がなくなります。

- 子どもたちに発表の練習を重ねさせ，発表内容や流れを確認します。教室の装飾や資料の準

備も整えておきます。子どもたちが自分で準備ができると，なお素晴らしいですね。
〈当日の授業内容〉
- 大勢の前で話すことに不安がある子もいます。教師は「リラックスして」「深呼吸してから話そう」などの安心できる声掛けや，適切なタイミングでの頷きや笑顔でサポートします。発表が途切れそうなときには，さりげなくフォローを入れます。
- 保護者が見やすいように座席の配置を工夫したり，「今日の予定」などを黒板に掲示したりします。簡単な資料を配付することで，保護者も授業の流れを把握できます。これにより，保護者は安心して子どもたちを見守ることができます。

❷ 学級懇談会では，子どもたちの「キラリ」を紹介しよう

学級懇談会では，子どもたちの一年間の成長を120％紹介しましょう。iMovie（Apple）などで写真や動画を編集して共有するのが効果的です。子どもたちの学習成果や努力，最近のプロジェクトや課題での独自の工夫を具体的に説明し，子どもたちの個性や強みを紹介します。また，日常の授業や友達との協力など，小さな成功も取り上げることで，保護者に子どもたちの成長を実感してもらい，家庭と学校の連携を深めましょう。

❸ 下級生に自分たちの学習成果を伝え，引き継いでもらおう！

3年生では，理科，社会科，総合的な学習の時間など，新たに出合う教科がたくさんあり，学びの幅が広がりました。そこで，2年生（新3年生）が見通しをもって学びに向かうために発表会を開催します。ここでは，クラスや学年をいくつかのグループに分け，ポスターセッションを行います。順番に全グループの発表を聞くことができ，聞き手は飽きずに最後まで参加することができます。最後に，2年生から感想をもらったり，自分たちが学んできたプロジェクトを引き継いでほしいという願いを現3年生から伝えたりして交流を深めます。

★ 子どもたちの成長を120％発揮するために

学年最後のオープンスクールでは，子どもたちの一年間の成長を120％出させてあげましょう。子どもたち一人一人の成果や努力などを具体的に示し，個性や強みを強調します。さらに学級懇談会では，日常の授業や友達との協力など，一年を通して成長してきた姿をたくさん取り上げて保護者に成長を実感してもらいましょう。iMovie 等で編集した写真や動画を懇談会で見てもらうと子どもたちの成長を実感してもらうのに非常に効果的です。

| 4月 | 5月 | 6月 | 7・8月 | 9月 | 10月 | 11月 | 12月 | 1月 | **2月** | 3月 |

2月

一年の締めくくりに向けて

井上　伸一

　一年の締めくくりは，学校の教育活動全体のなかで教育活動を進めていく必要があります。理由は，学級の教育活動は，年度当初に学校全体で確認し合い，定めた学校目標の達成に向けて進められていくものだからです。したがって，3年生としての教育活動が，学校の教育目標と照らし合わせたときに，「達成」に十分なものとなっているかを評価し，できていなければ補う活動をする必要があります。

★ 3年生の締めくくりのために

　「3年生ももう終わりだから，あとは4年生に任せよう」が，指導者として一番してはいけないことです。3年生として不可欠の学びは，残り2か月と言えどもあります。3年生の教育活動の締めくくりの確認ポイントは，次の三つの視点です。

〈締めくくりのための三つの視点〉
□授業でやり残したことはないか
　3年生で学ぶべき学習内容として，未履修の内容があっては絶対になりません。学年末，駆け足で履修を終わらせることのないよう，年間学習計画を確認します。

□学級経営でやり残したことはないか
　次の4年生に進級するうえで，不安材料（例えば友達とのトラブル）を残していませんか。いじめ問題は未然防止も含めて，早期解決が必須です。

□校務分掌でやり残したことはないか
　3年生の担任として，また校務運営上の役割として，自己の責任を果たしていますか。

⭐ 授業を締めくくる

3年生の各教科の年間指導計画に沿って，授業がきちんと進められてきたか，しっかりと確認し，指導に不十分な点があれば，指導計画を見直し，補習を行う必要があります。未履修があるということは，4年生以降の学習に支障をきたすことになります。

また，3年生として身につけておくべき学習方法の習得がきちんとなされているかも見直しが必要です。特に，タブレット端末の活用が十分にできているかどうかの確認は大切です。クラウドをまったく活用せずに進級するのと，一度でも活用したことがあるのとでは，ICT活用による学習の深化という点で，その後の学習に大きな差が出ます。

⭐ 学級経営を締めくくる

学級経営上の課題，特に友達関係でのトラブルを解決せぬまま4年生に進級することは，子どもにとっては大変苦痛なスタートになってしまいます。クラス替えでトラブルを雲散霧消させるのではなく，学級のなかで起きた問題はその学級で解決させなければなりません。学年主任や管理職と相談・連携しながら，いじめや不登校などの問題解決に最後まで取り組むことが肝要です。

⭐ 校務分掌を締めくくる

3年生の担任として，学級の一人一人の子どもについての記録をしっかり残します。その際，出来事の事実を記録するだけでなく，4年生に向けて，それぞれの子どもの成長に期待することを整理しておくとよいでしょう。整理が，実は残りの3年生の生活をより充実させるものとなりますし，積み残しをなくすことにもつながります。また，自身が担当する校務分掌上の役割についても，年度内に何をしたのか，次年度の課題は何かなどについて，次年度担当に引き継ぎができるよう記録を残しておくとよいでしょう。

第3章　小学3年の学級づくり＆授業づくり　12か月の仕事術　155

2月 レク 苦手な子どもも楽しめる「やくわりドッジボール」

⏱ 45分

ねらい 体を動かして発散すると同時に，かかわる機会をつくるため。
準備物 ドッジボール，ビブス

印藤　秀泰

★ どんなレク？

ボールを扱うゲームは，技能差が生まれやすく，苦手な子どもからすればなかなか楽しめないものです。「やくわりドッジボール」は，苦手な子どもも活躍の場が生まれるドッジボールです。基本のルールはドッジボールと同じく，内野と外野に分かれ，内野で当てられると外野に。外野で相手に当てると内野に戻ります。内野が全員いなくなる，もしくは，制限時間が経過した際に，内野の人数が少ないほうが負けです。しかし，そのなかに特別な能力をもったプレーヤーを設定します。

★ レクの流れ

❶ "王様"をつくりましょう。

一回目のゲームでは，"王様"という役割をつくります。王様は赤のビブスを着ます。ドッジボールをするなかで"王様"が当てられたら，その時点でゲーム終了です。"王様"をいかに守りながらゲームを行うかが大切になります。チームの王様を決める際には，くじ引きにするなど，活躍できる人だけが目立つことにならないように気をつけましょう。

❷ "魔法使い"をつくりましょう。

二回目のゲームでは，"王様"に加えて"魔法使い"を追加します。"魔法使い"は青いビブ

スを着ます。"魔法使い"の投げたボールは，誰もキャッチすることができません。転がしたボールでも，当たったらアウトになります。チームの人数にもよりますが，二人ほど設定するとよいでしょう。この役割もくじ引きで決めます。

❸ "騎士"をつくりましょう。

　三回目のゲームは，"騎士"の役割を加えます。"騎士"は黄色のビブスを着ます。騎士は，どんなボールに当たってもアウトになりません。たとえ"魔法使い"の投げたボールに当たったとしてもです。"魔法使い"と同じかそれ以下の人数に設定すると，ゲームのバランスが保てます。

　一～二回目のゲームで，どの役割にも当たっていない人からくじ引きで"王様""魔法使い""騎士"を選ぶと，多くの子どもが役割を得ることができます。

〈ポイント〉

❶ その他の役割

　今回は三つの役割を挙げましたが，子どもの実態に合わせて役割を増やしてもよいでしょう。例えば，相手を当てたら味方を一人復活させることができる"医者"。手をつないでいる間は当たってもアウトにならない"ツインズ"等，全員に役割を与えることも可能です。ただし，いきなり役割を多くすると混乱してしまうので，少しずつ増やしましょう。

❷ 場の工夫

　ボールを投げるのがとても得意な子どもがいたら，怖くなってしまう子どももいるでしょう。そんなときには，外野の外側にもう一つ線を加えます。その線を越えたボールは，相手の内野ボールになるというルールを加えます。すると，思いっきりボールを投げるわけにはいかなくなり，ボールの威力を抑制することができます。

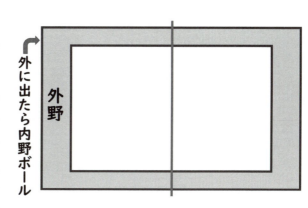

学級づくりのポイント

2月

感謝を伝える学級懇談会へ

奈良　真行

⭐ 最後の学級懇談会で伝えるべきこと

　どの時期の学級懇談会であっても，保護者の方へ感謝の気持ちを伝えることに変わりはありませんが，やはり最後の学級懇談会は，担任も保護者も少しこれまでの懇談会の迎え方とは違うのではないでしょうか。学級を一年間運営していくなかで，うまくいく年度，苦労する年度，いろいろとこれからみなさんは経験されることでしょう。

　しかし，どんなときでも学級懇談会はあります。どんな状況の学級であっても，保護者へは，「ありがとう」の気持ちを伝えることが大切です。
①子どもを学校へ送り出してくれたこと
②子どものことを共に考え，見守ってくれたこと

　当該学級の担任としての役割を終えたとしても，兄弟関係や地域の方として今後もかかわることがあるかもしれません。地域で働くという意味でも，長い目で考え，感謝をしっかり伝えましょう。

⭐ 子どもの事実で語ろう

　3年生の子どもたちは，低学年に比べて学ぶ教科が増え，新しい活動をたくさん経験してきました。友達とのかかわり方が変化している子どももいるかもしれません。一年間，子どもたちがどのように前向きに，時には歯を食いしばりながら取り組んできたかをしっかり語りましょう。語る際には，子どもの事実で話すことが大切です。一年間で記録用に撮り貯めていた写真を用い，写真をもとに語られるとよいでしょう（わざわざ音楽つきのムービーまで作成する必要はありません。ムービーの作成技術より，担任が我が子のことをしっかり語ってくれる方が，保護者としては安心感につながりますから。諸説あり）。

158

⭐ 保護者がホッとする時間もつくろう

　最後の学級懇談会で，担任として熱く語りたい！という気持ちはわかりますが，少し冷静に。保護者の方も，3年生という難しい時期を乗り越えてきたので，思いがたくさんあるはずです。学年はじめの懇談会と同じように，対話する時間や具体的な活動をする時間をとりましょう。

❶ わが子をほめほめタイム

　○○が困りました，○○の成績が……など，子どもの課題点は，保護者としてよくわかっているでしょうし，子ども自身もよくわかっていることでしょう。この日のこの時間は，とにかくわが子を褒める（認める）ことで，子どもとの毎日が少しでも豊かになればと願って進めていきましょう。ほめほめタイムでわが子に対する新たな視点をもつことができれば，きっと家に帰ったとき，子どもに掛ける第一声が変わります。

❷ 保護者自身をほめほめタイム

　保護者自身も毎日わが子を一生懸命，大切に見守っています。同じ活動ですが，保護者として自分自身をしっかり認め，褒める（認める）そのような時間にしてみてもよいでしょう。

　なんだか，ホッとできた時間だった。
　家に帰ったら，抱きしめてあげよう。
　生まれてきてくれてありがとう。
　そのようにわが子のことを思えると，自分自身も幸せに感じませんか。

〈学年末の学級懇談会のポイント〉
□学級がどのような状況であっても，感謝の気持ちを伝えよう
□子どもの事実の積み重ねで迎える最後の学級懇談会に
□褒める（認める）対象は，子どものみならず，保護者自身も！

| 4月 | 5月 | 6月 | 7・8月 | 9月 | 10月 | 11月 | 12月 | 1月 | 2月 | 3月 |

今月の見通し

次の学年につながる学級じまい

3月

福水　雄規

今月の見通し

学校行事	家庭との連携
●修了式	●学年だより
●6年生を送る会	●感謝の手紙・一年間の成果物（図画工作科・習字など）の持ち帰り
	●キャリアパスポートによるふり返りカードにコメント記入
学年・学級	**他**
●学年集会	●成長Movie　●あなたへの一文字

　3月は学年の締めくくりの月であり，次の学年につなげる学級じまいが重要です。この時期に，子どもたちが一年間の学びをふり返り，達成感をもって次の学年に進めるようにします。また，クラスの思い出を共有し，友達との絆を深めることで，新たな学年に向けて前向きな気持ちをもたせます。また，学年だよりなどで一年の成長と感謝の気持ちを保護者の方にも伝えます。次の「4年生」に向けて，学習や生活などのワンポイントアドバイスなども伝えておくといいでしょう。

⭐ 成長と感謝を実感する

❶ 成長をふり返り，「4年生」に向けて準備をするために

　これまでの学習や生活のなかでできるようになったことをふり返るよいタイミングです。ふり返りシートを使って，自分の成長を確認する時間を設けます。ただ質問に答えるだけでなく，「自分としっかり向き合おうね」等の声掛けをしましょう。最近では，ロイロノートやGoogleフォームを使ったアンケートで簡単に集約できます。

このふり返りを通じて，子どもたちが自分の成長を実感し，4年生に向けての意識を高めることができるようになります。例えば，「この一年で一番がんばったことは何か？」や「これからもっとがんばりたいことは？」といった具体的な質問を入れます。
　また，ふり返りの際に，友達と「成長」を話し合う時間も設けましょう。ペアやグループでお互いの成長に気づき，励まし合うことができるでしょう。

❷ 成長Movieで一年丸ごとふり返り

　自分たちの成長をiMovie（Apple）などで編集して鑑賞することで，一年間の学びや活動をふり返り，自分たちの成長を実感することができます。鑑賞を通して，子どもたちの自己肯定感が高まり，達成感や充実感を味わうことができます。また，先生や友達，保護者への感謝の気持ちを再確認し，感謝の心を育むことができます。そして，成長をふまえて新しい目標に向けて取り組む意欲を高めることができます。毎学期ごとにフォルダなどを作っておくと，年度末に一枚一枚写真を探す手間が省けます。クラスの子どもたちが満遍なく映っているかどうか確認することも忘れないように。笑いあり，涙ありの，このクラスだけの成長Movieを作成しましょう。

❸ 一人一人に贈る○○！自分の「道標」に

　かつてのテレビドラマ「3年B組 金八先生」の最終回で，担任の先生が生徒一人一人に漢字一文字を書いた色紙を贈っていました。この一文字には，未来への願いが込められていました。100円ショップで購入できる小さめの色紙（縦13.6cm×横12.1cm，2枚入り110円）を使い，じっくりと一文字を選びましょう。私の教え子の話で恐縮ですが，「先生がくれたあの色紙，玄関に飾っています。その漢字を意識して日々過ごしたおかげで，春から念願の消防士になります。多くの人の命を助けます」と連絡をくれた子がいました。感無量でした。
　色紙は卒業シーズンには売り切れの場合があるので，準備は早めにすることをおすすめします。

★ 成長と感謝を実感する

　3月は学年の締めくくりの月であり，次の学年につながる重要な時期です。子どもたちが一年間の学びをふり返り，達成感をもって次の学年に進めるようにしましょう。成長Movieでは一年間の学びや活動をふり返り，未来への意欲を高めます。最後のメッセージでは，一人一人の成長に合わせたメッセージを届けましょう。また，保護者の方にも子どもたちの成長したポイントを伝え，子どもたちのよりよい成長を学校と家庭で共有しましょう。

| 4月 | 5月 | 6月 | 7・8月 | 9月 | 10月 | 11月 | 12月 | 1月 | 2月 | 3月 |

学級づくりのポイント

3月

具体的なイメージをもたせて「送らされる会」ではなく「送る会」に

日野　英之

★ 「送らされる会」ではなく「送る会」に

「6年生への想いを込めて！」「3年生のそんな姿を見て，6年生は安心して卒業できますか？」6年生を送る会練習でよくある，よく聞く教員の言葉です。「6年生」や「想い」という抽象的な言葉を用いた指導で，6年生が下級生の姿を見て安心も不安も感じないまま巣立っていくことを誰もが理解しているなかで，本当に3年生の子どもたちの6年生を「送ろう」とする姿を育くむことはできるでしょうか。3年生の子どもたちにとって6年生を **「送らされる」** 姿を育んではいないでしょうか。「送らされる会」から「送る会」にするにはどんなことに注意して指導を進めていけばよいのでしょうか。

★ 具体的なイメージをもって送る会に臨ませましょう！

まだまだ抽象的なイメージが苦手な段階にある3年生には，より「具体的」なイメージをもたせることが大切です。では，より「具体的」なイメージをもたせるためには，指導をどのように工夫していけばよいのでしょうか。

〈送らされる会から送る会に……指導ポイント三つ！〉
• 「6年生」という「誰」をイメージしづらいワードを控える
• 演目を通して伝えたい「もの」「こと」の具体的イメージをもたせる
• 伝えたい「もの」「こと」が伝わる姿・姿勢の具体的イメージをもたせる

❶「6年生」という「誰」をイメージしづらいワードを控える

6年生と言われても3年生にとっては単なる「お兄さん・お姉さん」の集団でイメージは終わってしまいそうです。どんな3年生にも自分とかかわりの大きかった6年生の〇〇さん，憧れた〇〇さん，知っている〇〇さんはいるはずです。6年生という抽象的な大きな枠組みでは

なく，6年生を送る会で「誰」に自分の想いを届けたいのかを明確にしてあげるとよいでしょう。歌でも演奏でも言葉掛けでも，頭のなかに具体的な〇〇の顔を思い描いて取り組む場合と描かないで取り組む場合とでは伝える姿や姿勢や表情は大きく変わってくるものです。

❷ 演目を通して伝えたい「もの」「こと」の具体的イメージをもたせる

「誰」に具体的なイメージをもたせることができたならば，次に「何」を伝えるのかについても具体的なイメージをもたせましょう。「あの日，あのときにしてくれたあの行動に『ありがとう』」「あのときのあの姿にすごい！と感じた想い」等。ただ歌う，ただ演じる，ただ演奏するで終わらないように「誰」との「どんな」思い出をふり返るとともにどんな思いを伝えるのかを一人一人にきちんともたせましょう。

❸ 伝えたい「もの」「こと」が伝わる姿・姿勢の具体的イメージをもたせる

「誰」に「何」を伝えるのかが決まれば，9割目的を果たしたと言っても過言ではありません。後は抱いた気持ちをどのような姿で表現するのかを考えさせましょう。指導においてもふざけている子どもや照れてしまって上手に表現できない子ども，練習に励まない子どもがいれば単に叱る，単に冒頭のようなありきたりで抽象的な言葉で指導するのでなく，「その姿で〇〇さんにあなたの伝えたいことは伝えられますか？」とこれまでの学習とつなげて指導を行いましょう。

★ こちらにも配慮を！

6年生を送る会。主役は当然6年生。6年生が下級生に向けて見せる最後のパフォーマンスとメッセージ。受け取り手側としても発信者側と同じように「誰」の「どんな姿」をどんな姿・姿勢で受け取るのかをしっかりと考えさせましょう。送る側・送られる側が共に気持ちのよい空間や時間となるように学年間の教職員とも想いを共有させておきたいところです。

第3章　小学3年の学級づくり＆授業づくり　12か月の仕事術　163

学級づくりのポイント

3月 3年生の学級じまい

井上 伸一

　3年生の学級じまいは，すなわち4年生進級につながる大切な取り組みです。「あとは4年の担任に任せた！」とならないよう，最後まで全力で子どもたちを鍛える覚悟が大切です。何より3年生の子どもたちにとって「やり切った」達成感は，4年生へのがんばりにつながります。

★ 3年生の勉強じまい

　教科書の終末には，その学年のまとめと次の学年の見通しが載っています。単純にその内容をこなしたり，確認だけで終わらせるのではなく，3年生の学習のふり返りと4年生の学習の見通しを連携させたカリキュラム・マネジメントを実施します。

❶ 3年生の学習をふり返る

　算数科の教科書の終末など，3年生の学習のまとめとして，すべての単元に関連した学習問題が掲載されています。それらに取り組んだ後，明らかになった成果（得意な分野やおもしろいと感じる内容）と課題（苦手な分野や難しいと感じる内容）について，タブレット端末を使い，プレゼンテーションソフトを用いてポートフォリオ資料を作成します。この資料を用いて3年生の学習内容について自己評価を実施します。自己評価で大切なのは，自分の強みと弱みを自覚することです。できることはもっとできるように，苦手なことはそれを克服するように意欲を高める評価にします。

　図画工作科や音楽科，体育科などの学習の成果物（作品の記録カード，演奏の録音，実技・演技の動画など）をタブレット端末に記録しておき，それらのポートフォリオ資料をもとにふり返ります。一年間の学習の成果を取りためておくと，自分の成長をより自覚できます。

❷ 4年生の学習の見通し

　3年生の学習内容の自己評価の結果と，教科書に載っている4年生の学習内容の紹介とを図1のように関連づけし，4年生の学習内容の見通しをもちます。

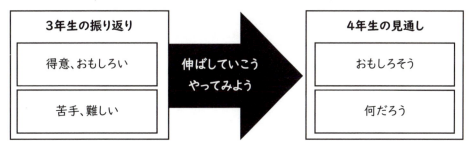

図1　3年生の学習内容のふり返りと4年生の学習内容の見通しとの関連づけ

★ 3年生の学級活動じまい

　3年生としての学校生活上の自立を確立するために，学級活動の総仕上げとして，3年生最後のお楽しみ会を自分たちで企画，運営させてみましょう。

　図2のように，話し合い活動の役割分担を決め，お楽しみ会の内容を決めていきます。3年生ですから，意見が自分本位であったり，十分な理由もなく，ただやりたいだけの意見に終始することも多かったりするので，提案者は，事前にタブレット端末を活用して，写真資料などを用意し，「なんのために，何を，どのようにやりたいのか」といった目的，内容，方法を説明できるようにしておきます。質問者は，説明に対し，目的，内容，方法が適切かどうかについて考え，質問，意見を述べ，取組の精度を上げていきます。

　また，運営にあたっては，レク係や掲示係などの係活動と連動させて行うように指導します。

　教師主導の活動にしてはいけません。事前に個の指導の充実を図り，「支援」である立場を心掛けましょう。

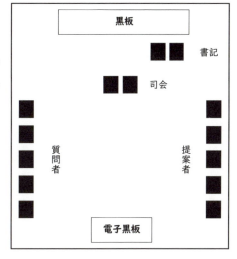

図2　話し合い活動配席図

3月

レク
みんなと握手で終わろう「こちょこちょ探偵」

⏱ 20分

ねらい クラスの友達と握手してかかわる機会をつくるため。
協力の必然性が出るアクティビティでかかわり合う機会を保障するため。

準備物 なし

印藤　秀泰

⭐ どんなレク？

もうすぐ4年生になる子どもたち。このクラスが楽しかったと思えるように最後にお楽しみ会を開くクラスも多いのではないでしょうか。今回は，盛り上がること間違いなしの「こちょこちょ探偵」を紹介します。

教室で全員が立ち歩いて行うこのゲーム。目標は鬼を見つけることです。子どもは友達と握手をして回ります。そのなかで，鬼は握手した際に手首のあたりを「こちょこちょ」します。「こちょこちょ」された人は心のなかで五つ数えたらおもむろに倒れます。果たして，全員倒れる前に鬼を見つけることはできるのか！？

⭐ レクの流れ

❶ 鬼を決めましょう。

まずは，鬼（三〜五人）を決めます。全員が座って目を閉じている状態で，鬼になる人だけ肩をたたいて回りましょう。このとき，机をたたくなど音を出しておくと，誰が鬼か感づかれにくくなります。教師はできるだけ教室全体を歩き回り，悟られないようにしましょう。

❷ ゲームをはじめましょう。

　鬼が決まったら，ゲームをはじめます。子どもは思い思いの人と握手をしましょう。鬼は握手する際に，ばれないようにこちょこちょします。された人は，五つ数えてから「やられたー！」と言って倒れましょう。そのあと退場します。この際，鬼同士でこちょこちょした場合は，お互い倒れることなくゲームを続けます。

　廊下やベランダを活用して退場者エリアをつくっておくと，退場した後も誰が犯人なのかを推理して楽しむことができます。

❸ 鬼を見つけましょう。

　鬼を見つけた子どもは手を挙げて鬼の名前を伝えます。正解していたら，当てられた鬼は退場です。もし間違えていたら，手を挙げた子どもが退場となります。

　制限時間（五分程度）のうちに鬼を見つけられなければ，鬼側の勝ち。全員見つけきれれば，退場者も含めて鬼以外の勝ちです。

〈ポイント〉

❶ ゲームが進まないときは

　全員を疑うあまり握手をしなければゲームが進みません。そんなときは，鬼が見つかれば退場者も勝ちであることを強調して伝えましょう。「鬼にやられた人もヒントを与えたヒーローですね！」と声を掛けるとどんどん握手が増えていきます。

❷ ゲームの難易度を上げる

　鬼側は，こちょこちょする技能が必要になります。握手しながらこっそり人差し指でするのですが，近くで見ている人がいたら見つかってしまうことも多いでしょう。すぐに終わってしまう際には，鬼がこちょこちょするかしないか選択できるように設定します。さっきは普通の握手だったのに，２回目はこちょこちょされた……。なんてことが起こりはじめると，ドキドキハラハラが止まらなくなります！

4月　5月　6月　7・8月　9月　10月　11月　12月　1月　2月　3月

学級づくりのポイント

3月

お話
4年生へ向かう子どもたちへ

がんばってきたことを伝えるとともに次の出会いに希望をもたせたい。

奈良　真行

★ 落ち着いて子どもたちが聞いてくれるときに……

　一年間，いろいろな出来事があったことでしょう。学級での思い出，はじめに伝えた担任としての願い，学級全員がまとまっていく様子，最後に伝えたいことはたくさんあることでしょう。溢れる思いをたくさん話し，その雰囲気を全員で味わうのもよいでしょう。

　しかし，子どもの心に響く言葉，残る言葉は簡潔でなければなりません。一番伝えたいことは何か，しっかりと考えてから言葉を選びましょう。

　また，最後の修了式の日に伝えなければいけないわけでもありません。落ち着いて話ができ，子どもたちがしっかり聞いてくれる時間を修了式より前につくってもよいでしょう。

★ 指導の意図

　4年生は小学校生活の後半に差し掛かる学年です。3年生と4年生は中学年としてくくられますが，身体的にも精神的にも変化が起きたり，個人差がさらに大きくなったりする時期です。この一年間で，少しずつ自分のことをメタ認知し，相手や集団を意識することができるようになってきた場面もあったでしょう。高学年に向けて，学級という集団へ個人がどのように寄与したかを価値づけ，それを子どもたちへ語ることが大切です。

　語る際には，学級だよりのようなものを介して子どもたちに伝えるとよいでしょう。担任として，伝えたいことを事前に整理することもできますし，何より子どもたちへ伝えた内容が保護者にも伝わるからです。

168

お話

　一年間共に学んできた子どもたちに感謝を伝えつつ，よくがんばってきたことをしっかり伝わるように話しましょう。子どもにわかりやすい，勇気の出る言葉はたくさんあります。アニメの台詞や，歌詞にも素敵な言葉はたくさんあります。ことわざ・故事成語や偉人の名言を用いながら話してもよいでしょう。

❶ 伏すこと久しきは，飛ぶこと必ず高し

　長い間にわたって地に伏していたものは，その間に養っておいた力を発揮するという意味です。つまり，誰も見ていないところでも我慢して何かをし続けることで，そのあとの伸びしろは大きくなるのです。
　例えば，体育の時間に取り組んだ持久走はつらいものだったかもしれません。朝寒くて，もう少し寝ていたいなと思うこともあったかもしれません。ここで，自分のやりたいようにすることを少し我慢して取り組むことは，今後のあなたの伸びしろにつながるんですよ。

❷ 袖振り合うも多生の縁

　「このクラスから離れたくない」「また同じ仲間と過ごしたい」という気持ちがあるかもしれません。しかし，逆を返せば，次の新しい仲間との出会いも，偶然ではないのです。仲良くなるため，助け合うため，一緒に遊ぶため，話をするため等の理由があって出会うものなのです。
　4月にやってくる"新しい出会い"を何も心配することはありません。きっとあなたを認めてくれる仲間と出会うことができますよ。

このように，語ってみるといいかもしれません。

〈ポイント〉
□落ち着いて話ができ，子どもたちがしっかり聞いてくれる時間を計画的につくろう
□語る際には，学級だよりのようなものを介して

【参考文献】
● 垣内幸太編著，授業力＆学級づくり研究会著『子どものこころにジーンとしみる　ことわざ・名言　2分間メッセージ』明治図書

第3章　小学3年の学級づくり＆授業づくり　12か月の仕事術　169

国語

学習の要所と指導スキル

授業づくりのポイント

竹澤　健人

⭐ 学習内容例

月	学習内容例
4月	● 様子を想像しながら「すいせんのラッパ」を音読しよう ● 国語辞典を使って，言葉を調べてみよう
5月	● 各段落の内容を捉えながら「自然のかくし絵」を読もう ● 一番伝えたいことを明らかにし，自分について文章を書いたり，話したりしよう
6月	● 「ワニのおじいさんのたから物」のあらすじをまとめてみよう ● 心が動いたことを詩で表そう
7月	● 伝えたいことを伝える工夫を「『給食だより』を読みくらべよう」から考えよう ● ローマ字を読んだり書いたりしてみよう
9月	● 大事なことが伝わるように，案内の手紙を書こう ● 司会の進行に沿って，グループで話し合いをしよう
10月	● 「サーカスのライオン」の中心人物について考えたことをまとめよう ● 興味をもった「せっちゃくざいの今と昔」の内容を要約して，紹介しよう
11月	● 身の回りの道具について，調べてわかったことをレポートにまとめよう ● 自分の好きな時間について，話の中心をはっきりさせながら話そう
12月	● 地の文と会話文をもとに，「モチモチの木」の登場人物の人物像を想像しよう ● 手話や点字，ピクトグラム等，いろいろな伝え方について調べたり，考えたりしよう
1月	● 「カミツキガメは悪者か」を読んで，生き物についての考えを深めよう ● 自分の考えと理由をはっきりさせて，文章を書こう
2月	● 話の組み立てや話し方を工夫して，道具のうつりかわりを説明しよう ● 「ゆうすげむらの小さな旅館」を読んで，物語のしかけのおもしろさを伝え合おう
3月	● これまで自分で書いてきた文章を読み，自分の文章のよさについて伝え合おう

※東京書籍の教科書を使用

⭐ 身につけたい力

❶ 一番伝えたいことや組み立てに気をつけて表現する力

「おにごっこがしたい」（一番伝えたいこと）

「だから，おにごっこのおもしろさと他の遊びとを比較してよいところを伝えよう」（組み立て）

　このように，自分が伝えたいことを伝えるために，話の中心や全体を考えて，文章を書いたり話したりできる力を育みましょう。

❷ 話・文章のねらいや工夫に気をつけて読んだり聞いたりする力

「Ａさんはおにごっこがしたいと言ったなあ。理由も知りたいな」（話のねらい）

「『子犬みたいに体を丸めて…ふっとばして…』とわざわざ書いたのは……」（文章の工夫）

　このように，相手の話や読んでいる文章のねらいや工夫を考えながら，聞いたり読んだりできる力を育みましょう。

⭐ 話す準備は書くことから

　話す内容が書かれたノートやワークシートがあれば，話すこと（発表）ができる可能性がぐんと上がります。子どもは，それがあれば安心感をもって読んだり，覚えたことを話したりすることができるからです。一番伝えたいことや組み立てに気をつけて表現できるようにするために，まずは書き方を指導することをおすすめします。私の学級では「デス・カラ・ソース」型という書き方の指導からはじめます。

〈「デス・カラ・ソース」型〉

一文目　○○です。（意見）

二文目　なぜなら～からです。（理由）

三文目　（そーっすねえ）例えば……（根拠）

　例えば，物語文「すいせんのラッパ」で，子どもたちが登場人物のなかで一番お気に入りのカエルについての意見を書くとき，次のような指示をします。

Ｔ：「○○が一番お気に入りです。」と書きましょう。

Ｔ：その次。「なぜなら～からです。」と書きましょう。書けたらノートを持ってきます。

Ｔ：（ノートを持ってきた子に対して）最後に，何ページ何行目のことか書きましょう。

　「デス・カラ・ソース」型を何度も使う機会をつくります。この型は，国語科だけでなく，他教科や学級での活動で意見を書く場面においても活用することができます。

第３章　小学３年の学級づくり＆授業づくり　12か月の仕事術　171

⭐ 友達の書き方や話し方を広げる仕掛け

　子どもたちは、2年生までの学習内容や日常生活を通して、様々な書く力や話す力を身につけています。教師が子どもたちに教えることも大切ですが、すでに身についている力を認めたり、評価したりすることも重要です。すると、子どもたちは教師からの評価を受け、意識して使うようになったり、評価されていた子どもの姿を見た他の子どもたちが、真似するようになったりします。より効果を大きなものとするために次に示す二点の手立てが有効です。

　一つ目がマーキングです。子どもが提出したノートやワークシートをチェックする際に、「おっ、これは！」と思う表現を見つけたら、マークをつけます。マークは「☆」「S」など、何でも構いません。そして、授業中にマークをつけた子どもだけにノートやワークシートに書いた内容を読んでもらい、「なぜ☆をつけたくなったと思いますか？」「Sがついている人の共通点は何ですか？」などと問い掛けてみます。すると、「～のようにって書いている！」「友達の意見も書いている！」など、友達の書き方のよさを認識することができます。

　二つ目が写真です。ノートに記述したことや話す姿（発表・対話）を写真におさめておきましょう。書き方や話し方のよさを、言葉を介して説明しようとすると思うと、なかなか難しいものです。写真を介することで、視覚的に書き方や話し方のよさを伝えることができます。写真は掲示したり、学級だよりに載せたりすることで効果が増すことでしょう。また、写真をロイロノートの資料箱やGoogleドライブに保存しておけば、子どもたちは必要なときにいつでも情報を引き出すことができます。

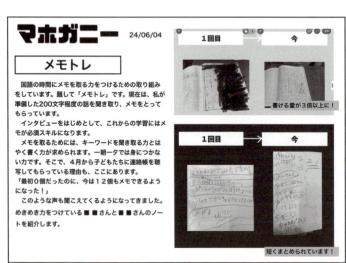 

　　　　学級だより　　　　　　　　ロイロノート（LoiLo Inc.）の資料箱

掲示する写真（子どもの目線に合わせて撮影すると，表情もよく見えます）

⭐ 問い掛けで読む力・聞く力を伸ばす

　相手の話や文章のねらい・工夫に気をつけて読んだり聞いたりできるようにするためには，次のような問い掛けが有効です。

「Aさんは，何が好きと言いましたか？　さんはい。」
「今朝，校長先生は何について話していましたか？　五文字で書きましょう。」
「Bさんは，『さいしょは苦手だった』と作文に書いています。この後，どんなことが書いてあるでしょう。お隣さんに予想を話してごらん。」

　全校朝礼の後や授業中，子どもの日記を読み聞かせるときなどに，このように問い掛けてみましょう。続けることで，相手が伝えたいことや表現の工夫に気をつけて聞いたり読んだりする力を育むことができます。慣れてくると，教師が問い掛けなくても，「先生，今日の話のポイントは〇〇でしたよね」「Aさんのこの書き方，真似してもいい？」といった言葉が子どもたちから聞こえてくるようになるでしょう。
　また，相手が伝えたいことや表現の工夫に気をつけて聞いたり読んだりする力が伸びてくると，普段の授業に加え，校外学習等で地域の人にインタビューをしたり，話を聞いたりする場面においても，活用できるようになります。

社会

学習の要所と指導スキル

井上　伸一

⭐ 学習内容例

３年生の社会科では，身近な地域や市区町村のことを取り扱います。

月	学習内容例	
4月	● 身近な地域や市の様子―学校周辺の見学	
5月	● 市の地形や土地利用，市の交通，公共施設の場所と働きについての調査 ● 市に古くから残る建造物の分布調査	
6月	● 市の様子を地図にまとめる	
	選択単元「地域に見られる生産の仕事」	
	● 工場で働く人びとの仕事―工場の見学	● 農家の人びとの仕事―農家の見学
7月	● 工場で働く人びとの仕事の工夫 ● つくられたものの出荷 ● 市の工場の様子を地図にまとめる	● 農家の人びとの仕事の工夫 ● つくられたものの出荷 ● 市の農業の様子を地図にまとめる
9月	● 地域に見られる販売の仕事―商店の見学	
10月	● 商品の産地調べ ● 商店の工夫のまとめ ● 地域の安全を守る働き―消防署― ● 消防署の見学	
11月	● 消防署や関係機関の働き ● 火事から地域を守る人びとの働きや自分たちでできる取組 ● 地域の安全を守る働き―警察署― ● 警察署の人の仕事	
12月	● 地域の人びとや自分たちができる市の安全を守る取組	
1月	● 市の様子の移り変わり ● 交通の様子，人口や公共施設の様子の移り変わり	
2月	● 土地利用の様子，生活の道具の移り変わり	
3月	● 市の様子の移り変わりを年表にまとめる	

⭐ 身につけたい力

　3年生で出会う初めての教科「社会科」。3年生の社会科では，身近な地域や市区町村のなかの社会を深く学び，よりよい地域社会の在り方をつくりだすことのできる資質・能力を育てていきます。3年生の社会科では，下図のような学習を進めていきましょう。

問題解決力、社会参画、市民愛		
学習内容		
理解	特色、相互の関連、意味	選択・判断
身近な地域や市区町村の地理的環境	身近な地域や市の場所による違い	
地域の安全を守るための諸活動（法、きまり）	人々の安全を守る関係機関の相互の関連やそこに従事する人々の働き	自分たちにできること
地域の産業と消費生活の様子	生産の仕事と地域の人々の生活の関連や販売の仕事に見られる工夫	
地域の様子の移り変わり	市や人々の生活の様子の変化	

学習方法	
調査活動	見学、観察、聞き取り
資料	地図帳、地域の平面地図・立体地図、写真、実物
表現	文章、説明、話し合い、白地図、年表

3年生の社会科学習

⭐ 社会科の見学活動

　他の学年と違って，3年生の社会科における大切な調査活動として，「見学」があります。
　身近な地域や市区町村を学習する際，直接「"見"る」ことが子どもたちにとって一番の「"学"び」となります。

単元	見学場所
身近な地域や市区町村	学校周辺地域
地域の安全を守る活動	消防署，警察署
地域の生産活動	農家，工場
地域の販売活動	小売店，スーパーマーケット，コンビニエンスストア，デパート，移動販売
地域の様子の移り変わり	博物館，資料館

⭐ 授業のなかに「調べる」活動を必ず入れる

　調べる活動は，社会のなかで，
「何があるのか」「誰がしているのか」「どこにあるのか」「どのようなものなのか」
といった問いを解決することで，取り扱う対象の社会の事実を明らかにする活動です。この活動が，教師による教え込みであったり，社会科用語だけをまとめるような活動であったりすると，子どもの主体的な活動とはならず，何より社会科の学習活動を「つまらなく」させ，「社会科嫌い」を増やす大きな要因となります。問いをもとに自ら調べることのできる活動が大切になってきます。

❶ 資料から社会を学ぶ

　社会科は社会を学習の対象として取り扱いますが，教室に実際の社会をもってくることはできません。ですから，実際の社会を教室で調査・類推するための資料が大切になります。次に挙げる資料は，社会科ならではの資料として積極的に取り扱います。

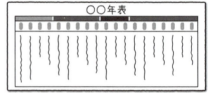

地図	位置と地名がわかる
統計	数字で社会の姿がわかる
年表	いつ，何が起きたかがわかる

❷ 調べてまとめる活動

　資料から調べても，記録に残さなければ，忘れてしまいます。調べたことをまとめる方法をいろいろ身につけておくことは，今後の主体的な社会科学習を保障することになります。

- 見学のワークシート…調べる項目を設定せず，見たこと，聞いたこと，感じたことをできるだけたくさん書くことのできるスペースを保障する。後で整理すればよい。
- 白地図にまとめる…地図記号や絵もふんだんに使う。正確さを求めすぎない。
- 年表にまとめる…時系列で情報を整理する。
- 文章にまとめる…自分の考えの根拠を明確にする。
- タブレット端末にまとめる…スライド，動画，絵図，写真，構造図，統計
　　　　　　　　　　　　　（これらをミックスしたタブレット端末でのまとめ方）

⭐ 授業のなかに「考える」活動を必ず入れる

　調べてわかった社会の事実が，

「なぜそうなっているのか」「なぜそうしているのか」

といった問いを解決するための考える活動を，授業のなかに取り入れます。この問いが社会科の深い学びにつながります。

〈社会科「考える」活動のポイント〉

□「なぜそうなっているのか」「なぜそうしているのか」という視点で問いをつくる
　例）火事が起きたとき，なぜ消防署だけでなく，警察署やガス会社などの関係するところにも連絡がまわるのか。

□「なぜ」の問いに対する答えを考え，まとめるための書く活動を必ず入れる
　「わかる人」といきなり挙手をさせ，発表を求めない。必ず学級全員が自分の意見をもつことができるようにするために，問いに対する自分の考えをノートに書く活動を入れる。

□考えを書く活動のときに机間指導を必ずする
　書く内容や書き方に困っている子どもを支援する（＝指導と評価の一体化）。

□一人の意見だけでなく，全員の意見が出るようにする
　社会科で求められる答えは，正解が一つとは限らない。多角的な視点で深めるためにも，ちょっとずつ違うたくさんの学習者の意見が出るようにする。

⭐ 「自分にできること」を考える

　「地域の安全を守る働き」の単元の終末には，自分たちにできることを考えるページが設定されています。この単元のみならず，学習したことを身近な「社会」である「地域」と結びつけて各単元を終えられるとよいでしょう。

【参考文献】
● 馬野範雄・井上伸一著「社会的読解力を育成する社会科授業の構想」『社会系教科教育学研究20』社会系教科教育学会

算数

学習の要所と指導スキル

授業づくりのポイント

小林　秀訓

⭐ 学習内容例

月	学習内容例
4月	● かけ算のきまりを見つけよう ● 時刻や時間をもとめて生活に生かそう
5月	● 同じ数ずつ分ける計算の仕方を考えよう ● わり算のあまりの意味を考えよう
6月	● 3桁の筆算の仕方を考えよう ● 調べたことをわかりやすくまとめよう
7月	● 長い長さの単位や表し方を考えよう ● （2桁）×（1桁）の計算の仕方を考えよう
9月	● 1桁をかけるかけ算の筆算の仕方を考えよう ● 数の表し方や仕組みを調べよう
10月	● まるい形の特徴や描き方を調べよう ● 短い時間の表し方を調べよう
11月	● はしたの大きさの表し方や仕組みを調べよう ● 三角形の性質や描き方を調べよう
12月	● 2桁をかけるかけ算の筆算の仕方を考えよう ● 分けた大きさの表し方や仕組みを調べよう
1月	● 重さの表し方や仕組みを調べよう ● 数の関係を□を使った式で表そう
2月	● 数やグラフから読み取ろう ● そろばんを使った数の表し方や計算を考えよう
3月	● 3年生の復習をしよう ● 一年間の学習をふり返ろう

一貫した学習内容

　3年生までは A「数と計算」B「図形」C「測定」D「データの活用」という四つの領域で構成されています。

　「令和6年度版　みんなと学ぶ　小学校算数　1〜6年　早わかり系統表　学年編」（学校図書）では，領域の一貫した学習内容を意識して学習が進められるように教科書の内容を以下のように整理しています。

A「数と計算」	1　単位の学習 2　比較の学習 3　数える学習
B「図形」	1　異同弁別の学習 2　作図の学習
C「測定」	1　単位の学習 2　比較の学習 3　測定の学習
D「データの活用」	1　事象を整理する学習 2　特徴を捉える学習

　1・2年生の学習がもとになって，新たな価値を生み出していく教科が算数科です。

　例えば，0.3＋0.4の計算の仕方についての学習です。

　0.3は0.1が三つです。0.4は0.1が四つです。

　だから0.3＋0.4というのは　0.1が七つということになります。

　つまり0.7になるということです。

　$\frac{3}{9}+\frac{4}{9}$ といった分数のたし算だと，

　$\frac{3}{9}$ は $\frac{1}{9}$ が三つ　$\frac{4}{9}$ は $\frac{1}{9}$ が四つ

　だから $\frac{3}{9}+\frac{4}{9}$ というのは　$\frac{1}{9}$ が七つということになります。

　つまり $\frac{7}{9}$ になるということです。

　これらを見てみると，0.1と $\frac{1}{9}$ という単位が違うだけで3＋4の七個分という同じ考え方をしていることがわかります。このように一貫した内容なのです。

　こうした一貫した学習内容ですが，内容自体は「1年」→「2・3年」→「4・5年」→「6年」とよりアップデートされていきます。

　これらの一貫した学習内容を意識しながら学習活動を進めていくために大切なことが数学的活動です。数学的活動とは，算数科・数学科の学習過程を意味しています。これは，日常生活

や社会の出来事からはじまる「日常のサイクル」と，算数科・数学科の事象からはじまる「数学のサイクル」に分かれています。これらに「数量や図形を見いだし，進んで関わる活動」と「数学的に表現し伝え合う活動」を加えた四つが数学的活動として学習指導要領解説編では示されています。これら四つの数学的活動自体が学ぶ【内容】でもあります。

⭐ 数を見える化して数の大きさを捉えたり計算の仕方を考える

3年生で学習する数は，「10000より大きな数」「小数」「分数」があります。大きな数は，具体的に数を数えたり，数を唱えたりすることは生活のなかではあまり経験のないことです。大きさをイメージすることは難しいと言えるでしょう。特に，「240は10をいくつ集めた数か」という相対的な見方が弱いと言われています。そこで，数え棒やタイルを用いたり，数直線上に表したりしながら，数を「見える化」し，

- **大小や数の相対的な大きさについての見方ができる**
- **大きな数をイメージして，大きな数を捉える**

ような授業づくりを心掛けましょう。これは「数学的に表現し伝え合う活動」と言えます。

また，半端を表す数として，「分数」「小数」があります。小数は，日本に住む者にとっては，比較的理解しやすいものです。理由としては，整数と同様に，十進数位取り記数法を用いて表す数であるとともに，日本をはじめとした東アジアには，子どもたちの身の回りに小数があふれているからです。靴のサイズや飲み物の量などは小数表記になっています。

一方，分数は子どもたちの身の回りにないため，子どもたちにとって，理解しづらいものです。さらに，分数には操作分数，割合分数，量分数，単位分数，商分数といったようにいくつかの意味を含むことが理解しづらい要因でもあります。

指導の際には，それぞれの数の意味を理解するために，数直線や面積図や液量図などの図的表現を用いて，視覚的に，数量の大きさは何かを意識させながら授業を組み立てていきましょう。そして，7分の4は7分の1が4個分，0.4は0.1が4個分といった共通する考えがあるように小数と分数を関連づけながら，指導していくことも大切な視点として持ち合わせておきましょう。「数量や図形を見いだし，進んで関わる活動」と「数学的に表現し伝え合う活動」をしていると言えます。

⭐ 絵を描く活動や具体物の操作で図形の理解を進める

円の学習は，生活のなかによくある「まる」「円」を扱うため，子どもたちも抵抗なく学習し，コンパスを用いて，楽しそうに円を自由に描く場面がよく見られます。しかし，学習後に改めて「円ってどんな形ですか」と問うと，「円はまる」と答える子どもがいます。コンパス

で円を描く活動が円の定義や性質の理解につながっておらず，コンパスはただの円を描く道具という認識にとどまってしまっているということです。

円の学習では，紙を2回折ったうえに四分円を描いたり，円の中心を見つける際に何度も折ったりする活動を通して，円の定義や性質の理解を深めていく必要があります。

また，コンパスは，円を描くことの他に，直線を同じ長さに切る，同じ長さを写しとる，同じ長さであることを確かめるときにも使う道具です。このようなコンパスの有用性について操作活動を通して気づかせていくことが大切です。そのために，「運動場に強大な絵を描く活動」が有効です。運動場に巨大コンパスで，絵を描く活動を通して，円の美しさや円が中心と等しい距離の点の集まりであることやそのための道具がコンパスであるという実感を子どもたちにもたせることができます。

⭐ 長さや重さの数量を数値化，見える化して量をイメージ

1・2年生の学習では，「長さ」「かさ」「時間」といった二つの量の比較や測定や計算の方法を学習してきました。子供たちは日常生活のなかで，「軽い」「重い」といった感覚的な捉え方をしています。しかし，場合によっては量が見えなく，外見の形や大きさだけでは特に重さの大小を比較することが難しい場合が日常場面ではあります。そこで，3年生では，様々な計器を用いた測定によって，数量を数値化し，見える化する学習が大切になってきます。

⭐ 棒グラフや表をまとめることで分類・整理のよさを実感

これまでの絵グラフのような少し曖昧さがあるグラフから脱却し，本格的に棒グラフの学習を行っていきます。解決したい問題を解決するために，目的をもって調査し，データを表や棒グラフに表す学習です。PDCAサイクルと呼ばれるものです。

3年〇組の好きなスポーツ調べといった身の回りにある事象について，観点別にデータを分類整理することについて理解し，表やグラフに表したり読みとったりできるようにしていきます。これは，日常生活や社会の出来事からはじまる「日常のサイクル」にあてはまります。

さらに，数学的表現を適切に活用して表や棒グラフから見出したことを考察する力を養い，データを整理し考察した過程をふり返り，データを活用していくよさに気づき，今後の生活や学習に活用する態度などを育てることをねらいとしています。

【参考サイト】
●学校図書「令和6年度版 みんなと学ぶ 小学校算数 1～6年 早わかり系統表 学年編」
　https://gakuto.co.jp/docs/download/pdf/r6_sansu_predigree_chart_year.pdf （参照日2025.01.10）

理科

学習の要所と指導スキル

仲井　勝巳

★ 学習内容例

月	学習内容例
4 月	● 春探し～身近な生き物に興味をもって～ ● 種をまこう（ヒマワリ・ホウセンカなど）
5 月	● 昆虫を育てよう（モンシロチョウ・アゲハチョウ・カイコ・カブトムシなど） ● 随時，植物の観察（根・茎・葉など）
6 月	● 昆虫の育ち方をまとめよう（卵→幼虫→さなぎ→成虫など） ● 随時，植物の観察（つぼみなど） ● 風やゴムのはたらき
7 月	● 風やゴムのはたらき～利用したおもちゃ作りをしよう♪～ ● 夏休みの自由研究に向けて ● 随時，植物の観察（花など）
9 月	● 夏休みの自由研究を発表しよう ● 随時，植物の観察（実・種など）
10月	● 太陽と影～太陽と影の様子～ ● 日なたと日影，地面を調べよう
11月	● 太陽の光～日光を使って，はね返して，集めて～ ● 音の性質～音の出方，音の伝わり方～
12月	● 物の重さ～物の形は同じでも重さは？　違いは？～
1 月	● 電気の通り道～明かりがつくつなぎ方は？　電気を通すものと通さないもの調べ～ ● 磁石の性質～磁石につく，つかない物，極の性質，磁石につけた鉄は？～
2 月	● 豆電球や磁石を使って，おもちゃ作り♪～学んだことを生かして，おもちゃを作ろう～
3 月	● 一年間のふり返り，A分野，B分野

※学習内容の順番は，教科書によって異なります。

⭐ 理科の見方・考え方，「比較」しながら学びを深めよう

小学3年生の理科は，子どもたちが「比較」という視点をもって学ぶことで理解が深まっていきます。例えば，「ヒマワリの種とホウセンカの種の形は同じですか？　違いはありますか？」と，子どもたちに発問してみましょう。同じ植物の種ですが，「比較」して観察することで形，色などがまったく違うことに気づくことでしょう。「比較」してわかったことを班やクラスの友達に伝えることで，対話的な学びが生まれ，理解が深まります。植物の観察だけではなく，電気の通り道や物の重さと形の内容でも「比較」して，物事を考えてみることで，理解が深まっていきます。年間を通して「比較」して指導することを意識して取り組まれるとよいでしょう。

⭐ 主に実験が多いＡ分野の内容は，必ず予備実験を

小学3年生のＡ分野の学習内容（指導要領の内容）は，「風とゴムの働き」「光と音の性質」「磁石の性質」「電気の通り道」「物と重さ」です。

「風とゴムの働き」や「磁石の性質」では，子どもたちは，風やゴムの働きの違いについて"比較"して考えることになります。風やゴムの性質を利用したおもちゃ作りも，子どもたちはわくわくして取り組むことでしょう。もちろん，磁石の内容も，磁石につくものとそうでないものの違いを"比較"して学んでいきます。

「光と音の性質」は，現行の学習指導要領から新しく入ってきた内容です。

「音の性質」では，カスタネットなどの打楽器を**強く叩いたときと弱く叩いたときを"比較"して**，その音の違いに気づいて学びを展開していきます。糸電話を用いた実験では，**糸をつまんだときと離したときを"比較"して**，音の伝わり方の違いを学習します。

「光の性質」では，鏡を使って光がまっすぐ進むことや，虫眼鏡を使って光を集めると明るくなり熱くなることを学習します。

「電気の通り道」では，豆電球や電池，導線をつなげて，回路を作り，どうしたら豆電球が光るのかを実験したり，**電気を通すものと通さないものを"比較"して**調べたりします。

「物と重さ」では，粘土の形を変えても重さは変わらないこと，同じ形だけど重さが違うことを学んでいきます。

以上のように，Ａ分野の内容は実験が多いので，あらかじめ予備実験をしておくことを心掛けましょう。予備実験を通して何が必要で，何が危ないのかを確認することができます。

例えば，虫眼鏡を使って太陽を見ると目をケガしてしまうことは，教員は既に知っている内容です。しかし，子どもは知りません。大きな虫眼鏡を使って黒い紙を子どもたちの前で燃やすような演示実験をすることで，この黒い紙がみんなの目だったらどうなっていたと思う？と

問い掛けてみると，おそらく，虫眼鏡を使って太陽を見るようなことはしなくなるでしょう。危険なことを教師があえて見せることによって，子どもたちはより安全に実験をしよう，器具を使おう，ふざけないでおこうということを認識して取り組むようになります。安全第一の観点も含め，必ず予備実験をして授業に臨んでください。

★ 主に観察が多いＢ分野の内容は，生命尊重を意識して

　小学３年生のＢ分野の学習内容（指導要領の内容）は，「身の回りの生物」と「太陽と地面の様子」です。「身の回りの生物」では，モンシロチョウ，アゲハチョウを卵から育てたり，カブトムシやカイコを幼虫から育てたり，ヒマワリの種などを観察して育てたりしていきます。子どもたちは低学年の生活科で，アサガオや野菜などを育てた経験がありますので，その経験を生かして，観察し，生物を大切に育ててみようと声掛けをしてみてください。また，学校によっては，前年度のヒマワリの種を引き継いでいることもあります。上学年の子どもたちが残してくれた種を観察し，育てていくことで，命がつながっていくわけです。大切に育てて，芽が出たときに，子どもたちは感動するでしょう。もちろん，市販の種でもよいのですが，農薬がついていることがありますので，使用する場合は洗ってから観察されることをおすすめします。あらかじめ，教師が種や寄生されていないチョウの卵を用意しておくこともお忘れなく。

　世話をしてきたヒマワリが花を咲かし，やがて種となっていく過程を通して子どもたちの植物の命を大切にしようとする心情が育っていきます。収穫した種を次の３年生が大切に育て，見事なヒマワリになった姿を見て，感動や達成感を味わうことでしょう。

　「身の回りの生物」は，教室や学級園などで観察することが多いのですが，上学年から引き継いだことや下学年に引き継ぐのだという想いをもたせることで，「意欲」が続いて取り組むことができます。

　「太陽と地面の様子」では，日陰の位置と太陽の位置の変化について学んだり，地面の暖かさや湿り気の違いに気づいたりします。コンパスを使い，東西南北を把握して，太陽の位置を観察することがあります。コンパスを一人一人しっかりと使えるように指導しましょう。全員分のコンパスを用意することが難しい場合は，班で一つのコンパスを用意し，一人一人指導していきます。ここで，主体的・対話的な学びに関して，コンパスという実験器具を通して行います。

　一人がコンパスを水平に掌にのせて立ちます。そして，赤い針が向く方が北であることを押さえ，その持っている子の体をゆっくりと右まわりや左まわりに回転させていきます。子どもは，横に回転させても，赤い針がずっと北を向いたままであることに驚きます。子どもたちが持っているすべてのコンパスの赤い針は，必ず北の方位を指すはずです。班で行うときは，周りの子どもたちにも，コンパスの持ち方や針の動きなどを確認させて学び合いの場を設け，コンパスを斜めに持っていたら声を掛けさせるなどの工夫を取り入れていきましょう。

　理科の実験器具の扱い方を一人一人ていねいに指導していき，班で協働学習を取り入れることで，子どもたちの知識・技能の力はぐんと育まれます。決して，得意な子どもだけが実験器具を取り扱うことのないように，クラスの誰でも，コンパス等の実験器具を取り扱えるようにしていきましょう。

※右のイラストは，コンパスを持っているところです。コンパスを水平に持って，ゆっくりと体の向きを変えると，赤い針の向きはどうなるでしょうか？　ぜひ，子どもたちと一緒に取り組んでみてください。

学級づくりのポイント

授業づくりのポイント

第3章　小学3年の学級づくり＆授業づくり　12か月の仕事術　185

音楽

学習の要所と指導スキル

土師　尚美

⭐ 学習内容例

月	学習内容例
4月	● 歌詞の意味を知って校歌を歌おう ● 春の様子を思い浮かべながら「春の小川」を歌おう
5月	● 曲の感じを生かして「茶つみ」を歌おう〜八十八夜に合わせて〜 ● 歌ったり演奏したりして音の高さを感じとろう
6月	● 音色に気をつけてリコーダーを演奏したり聴いたりしよう （例）上級生のリコーダー演奏を聴く
7月	● 拍にのってリズムを感じとり，演奏したりつくったりしよう （例）間奏部分のリズムを考える
9月	● 旋律のよさを感じとって「うさぎ」を歌おう〜中秋の名月に合わせて〜 ● 地域に伝わる音楽を聴いたり「3年○組祭り」の音楽をつくったりしよう
10月	● 曲の山を考えて「ふじ山」を歌おう ● 音楽会に向けて①（曲に合う歌声を考えて歌ったり，旋律の重なりを感じとってリコーダーを演奏したりしよう）
11月	● 音楽会に向けて②（曲に合う歌声を考えて歌ったり，旋律の重なりを感じとってリコーダーを演奏したりしよう）
12月	● 音楽会のペア学年の合唱曲や合奏曲を聴いて，感じたことを手紙に書こう （例）音楽会当日の映像を使って，教師が曲ごとに説明を入れながら鑑賞する
1月	● 重なり合う音の響きを聴いたり合奏したりしよう （例）木琴や打楽器等を使ってクラスで合奏をする
2月	● 6年生を送る会に向けて（思いを音楽で表そう） （例）思いを交流し歌い方を考える
3月	● 3年生の思い出の歌をつくろう （例）季節ごとに担当を決めて替え歌をつくる

⭐ 身につけたい力

中学年では，自分の表したい音楽表現を実現するために必要な技能を身につけることを目標とします。そのため，3年生では「こうしたい」「こうなりたい」と思うものをたくさん見つけられるようにしたいものです。次の二つのことに気をつけながら授業を考えていきましょう。

❶「こんな風にやってみたい」が言いやすい雰囲気づくりと授業構成

だんだんと周りを意識しはじめる時期です。「間違ったらどうしよう」と思い，発問に対して挙手する子どもが減ってくるかもしれません。そうならないために，答えがいくつも考えられる質問をしたり，答えたことに対して「同じ考えの人いる？」と問い返したりして，この仲間なら受け入れてもらえると思える雰囲気をつくっていきましょう。また，ペアやグループ活動を積極的に取り入れ，「こんなのどう？」と話せる授業構成を考えていけるといいですね。

❷ 教材研究の工夫

音楽科の授業の教材研究は，ピアノの伴奏を練習するだけではありません。この発問をしたら子どもは何と答えるかな，この表現をするためにどのような技能が必要となってくるかな，グループ活動の際に何と声掛けをしようかななどと，子どもたち一人一人の顔を思い浮かべながら考えていきます。

授業は教え込みではなく，子どもたち主体で進めていきますが，子どもたちが困ったときや質問してきたときに教師に何の手立てもなければ授業は成立しません。鑑賞の授業であれば，何分何秒がどの部分か（授業で取り上げたいところや曲想が変化するところなど）をメモしておくと，スムーズに授業を進めることができます。また，曲に関しての文化的な背景やちょっとした豆知識など伝えることで，子どもたちの活動が深まることもあります。

単元の終わりや45分後の子どもたちの姿をイメージしながら授業を考えましょう。

⭐【歌唱】どう歌いたい？をやってみよう

自分中心だった低学年から少し年齢が上がり，周りのことが見えるようになってきた3年生。グループ活動も積極的に取り入れてみましょう。例えば，強弱を考える授業であれば，どの部分を一番盛り上げたいのかをグループで考えて，みんなの前で歌って発表します。

グループで話し合って決めるとなると音を出さずに考え込んでしまうグループをよく見かけます。教師はグループを回り，「それ，一回聴かせて」「歌って試してみたら」と言いながら歌声を出すようにしていきます。「こう歌いなさい」ではなく，「こう歌いたい」を大切にしていきましょう。

〈グループで考えるときのポイント〉
- 「一つ考える⇒実際に歌ってみる活動」を繰り返す
- 考えたものと逆の歌い方をしてみる（大切なポイントに気づくことができる）
- タブレットで自分たちの歌声を録って聴く

⭐ 【器楽】好きこそ物の上手なれ

　子どもたちが待ちに待っていたリコーダーがはじまります。みんなちょっぴり大人になった気分です。そのやる気が日を追うごとに下がっていかないようにしたいものです。

　まずは，構える練習からはじめましょう。穴を全部ふさいでみます。音は鳴らさないので少しぐらい隙間があいていても OK です。前を向いて構え。右を向いて構え。上を向いて構え。頭の上で構え……。楽しみながら構える練習をしましょう。どんどん難しい曲に取り組む必要はありません。同じ曲

でも速度を変えたり，伴奏を変えたりしながら，何度も演奏を繰り返し，自信をもって吹けるようにしていきましょう。授業以外でも自由に吹けるように音楽室を開放したり，教室に運指表を貼ったりするのもいいですね。リコーダーが流行の遊びになるかもしれません（歩きながら吹かないなどのルールは決めましょう）。

〈リコーダーを流行らせるコツ〉
- 教師も休み時間に一緒に吹く
- CM 曲や流行の曲の楽譜を用意する（最初は簡単な楽譜から）
- 運指表がいつでも見られるようにする

★ 【音楽づくり】 グループで話し合ってつくりあげる

　グループで音楽をつくっていく活動では，グループに分かれる前に何をするのかの見通しをもたせることが大切です。そのときに何に気をつければよいのかを伝えましょう。一つ（例：音色，音の重なり，速度等）に絞っておくとグループで話し合いが進めやすくなります。

　実際にグループで音楽をつくっていく場面では，それぞれのグループがどこで活動するのかを明確にしておきます。楽器を使う場合は，グループ同士で音が混ざってしまうので，ある程度距離がとれるようにするとよいでしょう。近くの教室を利用したり，他のクラスの邪魔にならなければ廊下を使ったりと工夫します。

　途中で中間発表を入れます。全グループが発表する必要はありません。教師が回っているなかで，比較させたら他のグループのヒントになりそうと思うグループに演奏してもらいます。どこでどんな工夫を入れていたか意見交流をして再びグループに戻って音楽をつくっていきましょう。曲の終わり方にも着目させて，工夫を加えることで音楽にまとまりが出てきます。

★ 【鑑賞】 感じて　書いて　確かめて

　低学年のときより文章力がついてきた３年生。しかし，「さあ，聴いて思ったことを書いて」ではいけません。まず，この曲のよさ（ここに気づいてほしい！と思うところ）を中心に授業を考えていきます。よさを感じとるためには，曲に合わせて動いた方がよい，指揮者のまねをした方がよい，音が変わったときに立った方がよい……子どもたちの実態に合わせて選択していきましょう。

　授業では，感じとったら忘れないようにメモをとるように指導します。どんな感じがしたのか，なぜそう感じたのか（例：楽器が増えたから，音が細かくなったから，速度が変わったから）を書きます。

　その後は交流をします。交流→音楽で確かめる→交流→音楽で確かめる……というように必ず音楽に戻って確認して，子どもたち自身が「確かに！」「これか！」と実感できる時間をとりましょう。自分一人では見つからなかった曲のよさも仲間との交流でより深まることでしょう。

〈ポイント〉
- 意見が出たらすぐ音で確かめる
- 視覚的にわかりやすくする（楽譜の提示，意見の板書等）
- 最後は曲全体を聴いて，ふり返る

図画工作

授業づくりのポイント

学習の要所と指導スキル

松井　典夫

⭐ 学習内容例

月	学習内容例
4月	● クライマックスへ！ 〜1・2年生で身につけた用具や材料の使い方を完成させよう〜
5月	● 生まれ変わるねん土 〜用具を工夫して使って表現しよう〜
6月	● 誰にも，なんにも見えない絵 〜絵の具と筆と水を今までにない使い方で〜
7月	● 壁が遊園地に変身！ 〜教室の掲示板を遊園地に変身させよう〜
9月	● 暑かった夏　ペットボトルを再利用して作品にしよう 〜ペットボトルに様々な工夫をすれば，役立つアイテムに〜
10月	● 芸術の秋　教室を芸術の館に 〜紐を張りめぐらせて，教室を芸術品にしよう〜
11月	● 虫たちの世界 〜寒くなってきた。虫のすみかを作ってあげよう〜
12月	● 一枚のベニヤ板から 〜釘と金づちで芸術の世界を作ろう〜
1月	● 心の世界 〜ただの紙が，私の心を映し出す〜
2月	● 私が発見した絵の具 〜身の回りの道具を絵の具に変身させよう〜
3月	● ストーリーと絵 〜心に浮かんだ物語を絵で表そう〜

⭐ 身につけたい力

　小学校３年生は、「ギャングエイジ」とも称されるように、生き生きと自己を表現する発達段階です。１・２年生で習得した技能をフルに活用して、工夫することを楽しむことが大切です。大切なのは、「最後まで諦めずにやり抜くこと」です。これが図画工作科で育みたい「学びに向かう力」と言えるでしょう。子どもたちは、「こんなものを作ってみたい」と自分なりのイメージをもちます。そのイメージは、アイデアスケッチなどで記録させておき、学びのポートフォリオを作っておきましょう。作り進むうちに、子どもたちの内面で、何らかの変化が生じます。「あれ？　思っていたように作れないぞ」などのように、「壁」にぶつかるのです。そこで多くの場合、「じゃあ、完成形を変更しよう」と考えます。変更することは決して悪いことではありませんが、それが「意味ある変容」なのか、「諦めによる変更」なのかでは大きく違ってきます。その変化に対して、自分なりの理由を明確にさせましょう。もし、それが「諦め」から来るものであれば、方法を変え、用具や材料を工夫し、チャレンジさせることが大切です。

　このように、図画工作科の教科としての役割は、何も芸術家を育てることではありません。図画工作科という教科を通して、想像力や発想、構想する力、そして自身の内面を表現する力を育むのです。３年生は、自我が強くなりはじめる段階です。その自我の強さを、学習のなかにうまく盛り込んで授業を設計していきましょう。

⭐ 用具や材料への概念を広げる

　これまで１・２年生では、身の回りの用具、簡単な小刀類を使って表現活動を行ってきました。３年生になると、表現の幅も広がり、「こんなものを作りたい」という欲が高まります。これまでの用具や材料では叶えられそうもないこともあります。そこで、用具や材料への概念の幅を広げることによって、表現の幅や可能性が大きく広がります。

　例えば、１月の「心の世界」では、コピー用紙だけを使います。新しい紙だともったいないので、不要になった紙を使います。まず、今朝の気分を尋ねます。お母さんに怒られてしまい、寂しい気分と苛立ちが混ざっているとしましょう。その気持ちを紙で表してみようと提案します。これまでは、学校からの手紙やテストのために存在すると思っていた一枚の紙が、自身の内面を表してくれる材料に変身するのです。

このような活動を多く取り入れながら，少しずつ子どもたちの，材料や用具に対する固定化された概念を突き破っていきましょう。そのことが，子どもたちの生活や生きる幅の広がりへとつながっていくのです。

⭐ 「見本」の役割

　子どもたちはまず，「こんなものを作ってみたい」と，自分なりの表現への目標をもちます。それは一つの「夢」であり，「憧れ」でもあります。この「夢」を実現するために，指導者は「見本」を用意することが多くあります。実はこの「見本」が大きくその後の学習に影響することを意識する必要があります。

　では，以下の二つの例について考えてみましょう。

題材名	見本とタイミング
①教室を遊園地にしよう	授業のはじめに，「教室の掲示板を遊園地にしよう」と提案する。キョトンとしている子どもたちに，こういうことだよと，掲示板の遊園地の画像を見せる。子どもたちは途端に納得した表情になり，思考しはじめる。
②食品サンプルを作ろう	授業のはじめに，いきなりチョコレートパフェの食品サンプル（実物）を置く。「わあっ」と歓声を上げる子どもたち。手にとって見つめる。「美味しそう」と呟きながら。そして指導者が「こんなのを作ってみよう」と提案する。

　どちらが正解でしょう。また，それを正解にするためにはどのように変えればいいでしょう。

　まず，①について考えてみましょう。教師の提案に対して，キョトンとしてしまった子どもたち。それはイメージがつかめていない表れです。そこで，イメージをつかませるために，教師は例を提示します。たちまち子どもたちのなかでは疑問が解決し，イメージをつかむことができました。これだけを見ると，一見，見本提示が成功したように感じられます。しかし，この提示の方法とタイミングは，子どもたちにイメージの「固定化」をもたらしてしまいます。画像によってはっきりとしたイメージを提示したばかりに，子どもたちの自由闊達な発想に制限をかけてしまったのです。

　では，②の場合はどうでしょう。ここでも，①と同じように，最初に見本を提示しています。イメージの固定化につながりそうです。しかし，①と決定的に違う点は，タイミングです。それは，「何をやるか」を提案してから見本を提示したのではなく，見本を提示し，強い「感受」を喚起し，「憧れ」をもたせることに成功しているのです。そして，子どもたちのなかでは，見本を「憧れ」の眼差しで見つめながら，自然発生的に「こんなのを作ってみたい！」という強い動機が発生しています。

では，①はどのようにすれば成功したでしょう。この場合，見本は必要だったでしょうか。「掲示板を遊園地にしよう」という提案の方法は適切だったでしょうか。「話し合い」ながらイメージをつくり上げていく活動で，目標へと近づいていくことができたかもしれません。そのことによって，最初に提示した教師が想定している「掲示板の遊園地」を超えるような，立体をも含んだ自由闊達な発想が生まれるかもしれません。このように，見本はその必要性，具体物，タイミングの見極めが重要なのです。

★ よき相談者に

　図画工作科における教師の役割については，多様な考え方があるでしょう。いったん子どもたちが活動をはじめたら，教師があれこれと口を挟む必要はないという考えもあり，活動する子どもと机に座って仕事をする教師という光景がしばしば見られます。あるいはまったく逆で，「多くの手助け」をする指導者もいるでしょう。例えば，子どもが立体的な作品を作りながら，うまく紙のタワーを立てることができずに困っているとします。このとき，子どもが先生に助けを求めます。すると先生は，図工準備室に行っていろいろな材料を探し，子どものもとに戻って材料を渡します。また，子どもの作品を手にとって，大人の知恵でタワーを立てる方法を伝授します。子どもは大きく喜ぶことでしょう。これは，適切な指導でしょうか。

　「やってあげる」ことは簡単ですし，子どもの一時的な解決につながるので，子どもも教師も満足してしまいがちです。しかし，深い学びにはつながりません。大切なのは，「相談」です。子どもにとって，教師が「よき相談者」になることなのです。「先生，わからないから手伝って」ではなく，「先生，ここを立てるためにここまではできたんだけど，こうすればこうなるからうまくいかない」というように，自分がやろうとしていることを説明し，相談させることが重要です。子どもがそのようになるためには，日頃からその子が何をしようとしていて，何に困っているのか把握しておくことが大切です。だからこそ「適切なアドバイス」ができるのです。その繰り返しを経て，教師は「子どもにとってのよき相談者」へとなっていくのです。

【参考文献】
● 文部科学省「小学校学習指導要領（平成29年告示）　第7節　図画工作編」

体育

学習の要所と指導スキル

授業づくりのポイント

西岡　毅

⭐ 学習内容例

月	学習内容例
4月	● いろいろな動きに挑戦しよう（体つくり運動　体ほぐし） ● かかえ込み回りを成功させよう（器械運動　鉄棒）
5月	● みんなで一緒に動こう①（体つくり運動　多様な動き） ● 全力で走ってリボンを浮かそう（走・跳の運動　かけっこ）
6月	● トントンアタックゲームをしよう（ゲーム　ネット型） ● クロールへの第一歩をはじめよう（水泳運動）
7月	● クロールへの第一歩をはじめよう（水泳運動） ● 健康な生活を送ろう（保健）
9月	● おいしい料理を表現しよう（表現運動　表現） ● みんなで一緒に動こう②（体つくり運動　多様な動き）
10月	● 強さ？　高さ？　遠くへ投げよう（走・跳の運動　投の運動） ● マットの上で体をコントロールしよう（器械運動　マット）
11月	● キックベースボールをしよう（ゲーム　ベースボール型） ● 走って跳んでピタッと着地しよう（走・跳の運動　幅跳び）
12月	● 投げて，捕って，すぐ投げよう（体つくり運動　多様な動き） ● 健康な生活を送ろう（保健）
1月	● ゴールに向かって突っ走ろう（ゲーム　ゴール型） ● 開脚跳び・かかえ込み跳びをマスターしよう（器械運動　跳び箱）
2月	● 開脚跳び・かかえ込み跳びをマスターしよう（器械運動　跳び箱） ● なわとびチャレンジをしよう（体つくり運動　多様な動き）
3月	● リズムにのって全身で踊ろう（表現　リズム）

⭐ 身につけたい力

　小学3年生は，身体的・精神的に著しい発達を遂げる時期であり，運動能力の基礎がこの時期に形成されます。宮下充正（1980）によると，体格や持久力，筋力は12〜15歳ころに年間の発達量がピークを迎えますが，動作の取得に関しては，8〜9歳ころにピークを迎えます。

　そのため，小学校中学年ころの子どもたちは，特定の動作に固執するのではなく，多様な動きを経験させることが重要です。これにより，子どもたちは体を動かす喜びを感じ，「運動が楽しい」と思える気持ちを育むことができます。こうした経験が次学年へのスムーズな移行につながります。

　さらに，この時期は友達との協力や競争を通じて社会性を育む重要な段階でもあります。そのため，体育科の授業を通じて，協力して課題に取り組む力や，健全な競争心を養う力を身につけさせることが求められます。これらの取り組みが，子どもたちの健全な成長に寄与し，将来にわたる運動習慣の基礎を築くことにつながります。

〈基本的な運動技能の習得〉
- 走る，跳ぶ，投げるなどの基本動作を正確に行う力を身につける。
- バランス感覚を養い，様々な運動に対応できるようにする。

〈協調性とチームワークの促進〉
- チームプレーを通じて，仲間と協力する大切さを学ぶ。
- フェアプレーの精神を理解し，実践できるようにする。

〈体力の向上〉
- 持久力や筋力を少しずつ向上させ，健康的な体づくりを促す。
- 規則的な運動習慣を身につける。

〈運動の楽しさの理解〉
- 運動の楽しさや達成感を体験し，運動に対する積極的な態度を育む。
- 自分の運動能力の向上を実感できる活動を取り入れる。

⭐ 運動を楽しめる工夫を多く入れる

　体育科の授業では，運動が得意，苦手な子ども全員が運動を楽しめるように工夫をすることが大切です。運動を楽しくすることで集中力や意欲が高まり体力の向上につながります。

〈ゲーム形式の運動〉
　決められた時間内に何回ボールをキャッチできるか，一定の時間に縄を何回跳び続けられるかなどの記録向上をゲーム化します。

〈全員が楽しめるルールを設定〉
　リレーの勝敗を決める際には，他のチームとのタイム差ではなく，自分たちのチームが前回のタイムからどれだけ縮められたかを基準にします。これにより，運動が得意な子どもも苦手な子どもも，みんなで協力し合い，記録更新を目指して練習することができます。
〈教師と子どもが一緒に運動を考案〉
　体つくり運動で，右の写真のようにペアで相手を引っ張りながら前進する運動を行います。様々な引っ張り方を教師と子どもで考え，試しながら，力の入れ方を学んでいきます。

ペアで相手を引っ張って前進

⭐ 多様な動きを経験させる

　体つくり運動領域では，跳ぶ，走る，投げる，バランスをとるなどの基本的な運動能力を養うと同時に，様々な動きを組み合わせることで創造性を育てましょう。例えば，ボールを投げながら跳ぶ，バランスをとりながらキャッチするなどの複合的な運動を取り入れることで，運動の楽しさが一層増します。また，器械運動領域では，マットや跳び箱など，子どもたちが挑戦したくなるように運動を紹介し，様々な運動に挑戦できる機会を提供しましょう。さらに，表現運動領域では，リズム感や表現力を養うための学習が重要です。運動会の団体演技の指導だけで終わることなく，継続的に表現運動を取り入れることで，子どもたちの表現力を深めることができます。

⭐ 成功体験を積み重ねる

　一人一人のレベルに合わせた課題を設定し，達成感を味わえるよう工夫しましょう。例えば，跳び箱の段数を徐々に上げることで，小さな目標を達成しながら大きな目標への意欲を高めます。また，認める言葉や励ましの言葉を掛けることで，子どもたちの自信へとつながります。具体的によかった点を伝えると，さらにやる気が引き出されます。例えば，「パスが回ってこなかったけど，得点につながる場所に移動できていたね」や「場を広く使い，体を大きく動かしていたね」といったフィードバックが効果的です。

⭐ 集団での協調性を育む

　集団での活動を通じて，協調性やコミュニケーション能力を養うことができます。ペアやグループでの活動を通して，協力の重要性を学びます。例えば，水泳ではペアで泳ぎのフォームを確認し合ったり，ゴール型ゲームでは得点を目指すための作戦をグループで考えさせたりす

る活動を取り入れましょう。また，グループ活動では役割分担を行い，それぞれの役割を意識させることで責任感や協調性を育てます。さらに，活動の前後には必ず話し合いの時間を設け，意見交換やふり返りを行うことで，コミュニケーション能力を向上させることができます。

★ ICTを活用した指導

　小学3年生向けの体育指導におけるICT活用ポイントは，**再現性，保存性，即時性，自在性**の四つの観点で整理することができます。四つの観点を意識しながら，体育科でICTの活用を進めていきましょう。

〈再現性〉
　運動フォームを動画で撮影し，すぐに再生して確認することで，子どもたちは自分の動きを何度も見直し，理解を深めることができます。

〈保存性〉
　子どもたちの成長を記録するために，運動記録をデジタル化して保存しておきましょう。例えば，週ごとの運動の成果をタブレット端末で記録し，グラフで変化を視覚的に示すことで，成長を感じることができます。

〈即時性〉
　ICTを活用することで，即時にフィードバックを提供できます。運動後すぐに動画を確認してフォームの改善点を指摘することで，子どもたちは自分の運動を修正することができます。

〈自在性〉
　3年生の発達段階に合わせ，簡単に操作できるツールやアプリを使って，自分のペースで学べる環境を整えることが重要です。アプリを使って，スローモーション撮影をしたり，画像に文字を入れたりすることで，楽しく運動に取り組むことができます。

水泳のフォームを授業後に教室で見直す〈再現性〉

なわとびの操作を確認する〈再現性〉〈即時性〉

【参考文献】
- 関西体育授業研究会著『学習カードでよくわかる365日の全授業　小学校体育3年』明治図書
- 宮下充正著（1980）『子どものからだ』東京大学出版会

特別の教科　道徳

学習の要所と指導スキル

授業づくりのポイント

栫井　大輔

⭐ 学習内容例

月	学習内容例
4月	● 個性の伸長（私の長所，あなたの長所） ● 規則の尊重（どうしてこのルールはできたんだろうか？）
5月	● 正直，誠実（うそをついたときの自分の心） ● 生命の尊さ（命に大きさはあるのだろうか？）
6月	● 相互理解，寛容（クラスと自分と仲間の関係） ● 公正，公平，社会正義（正しいことと正しくないこと）
7月	● 国際理解，国際親善（世界の夏の食べ物） ● 自然愛護（町にある大いなる自然）
9月	● 善悪の判断，自律，自由と責任（自由と勝手の違いとは？） ● 勤労，公共の精神（「公共の場」ってどんな場所？）
10月	● 節度，節制（ルールを守るのは誰のため？） ● 家族愛，家庭生活の充実（家族のために自分ができること）
11月	● 友情，信頼（困っている人を助けるとは？） ● よりよい学校生活，集団生活の充実（クラスのホップ・ステップ・ジャンプ）
12月	● 親切，思いやり（情けは人の為ならず） ● 感動，畏敬の念（校区の偉人から学ぶ）
1月	● 希望と勇気，努力と強い意志（二つの目標について知ろう） ● 伝統と文化の尊重，国や郷土を愛する態度（お正月の秘密を知ろう）
2月	● 礼儀（低学年に教えたい言葉遣いとは？）
3月	● 感謝（お世話になった校区の人たちに感謝しよう）

※学習内容例はその月で押さえるべき「内容項目」になります。行事や学級の状態に合わせて，内容項目の道徳的価値と子どもの生活が結びつくように計画します。

⭐ 身につけたい力

> よりよく生きるための基盤となる道徳性を養うため，道徳的価値についての<u>理解</u>を基に，<u>自己を見つめ</u>，物事を<u>多面的・多角的に考え</u>，自分の生き方についての<u>考えを深める</u>学習を通して，道徳的な判断力，心情，実践意欲と態度を育てる。

　上記は道徳科の目標ですが，身につけたい力は「道徳性」を養うための「道徳的な判断力，心情，実践意欲と態度」ということになります。しかし，道徳科の評価が数値評価ではなく，かつ個人内評価を行うように，「道徳性」及び「道徳的な判断力・道徳的心情・道徳的実践意欲および態度」を身につけさせるということは簡単なことではありませんし，そもそも具体的に何を育めばいいのか明確ではありません。そこで，道徳科の学習活動に着目します。上記の下線のように，道徳科の目標には「理解する」→「自己を見つめる」→「多面的・多角的に考える」→「考えを深める」と学習活動を進めることが示されています。ですから，3年生なりに道徳的価値の大切さを理解し，それを自分の経験をもとに見つめ，クラスの仲間と多面的・多角的に考え，自分の生き方について考えを深める力を育むと考えると，道徳の授業で何をすべきか明確になります。

⭐「内容項目」で目標の具体化

　道徳の授業では，まず道徳的な価値の大切さを理解することが学習の第一歩になるのですが，道徳的な価値とは何でしょうか。それは，学習指導要領に「内容項目」として示されています。道徳科で，教材文を使って授業を行う場合，図1のようなイメージをもつと教材分析が具体的になります。

図1　道徳科の教材分析のイメージ

　まず，内容項目がその授業のゴールになります。山頂に到達してこそ「山に登った」というように，内容項目について理解することによって授業の目標を達成できます。ですから，それぞれの教材文には目指すべき内容項目が示されているので，それを確認します。しかし，ここで問題が出てきます。内容項目を確認すると「節度・節制」のように抽象的に表現されているのです。

　そこで，次にやるべきことは「内容項目」の具体化です。そのためには学習指導要領を確認することが一番確かな方法となります。例えば，「節度・節制」について確認すると，次のよう

> 〔第3学年及び第4学年〕
> 自分でできることは自分でやり，安全に気を付け，よく考えて行動し，節度のある生活をすること。
> (1)内容項目の概要
> 　この内容項目には二つの要点が含まれている。一つは，基本的な生活習慣に関わることである。基本的な生活習慣は，人間として最も基礎的かつ日常的な行動の在り方であると言われている。＜略＞
> 　二つは，進んで自分の生活を見直し，自分の置かれた状況について思慮深く考えながら自らを節制し，程よい生活をしていくことである。(p.32)

に示されています。ここから「節度：基本的な生活習慣＝人間として最も基礎的かつ日常的な行動の在り方」「節制：自分の置かれた状況について思慮深く考える＝よく考えて行動」というように具体的にできます。この道徳的価値は，扱う教材文の内容によってさらに具体的になります。

★ 「内容項目」をものさしとして教材分析

「内容項目」というゴールが明確になってきたので，次は教材文の分析を行います。図1で言えば，頂上の様子がわかったので，次は教材文という山の特徴を知るわけです。その際，教材分析のものさしとなるのも「内容項目」となります。

上の写真は，日本文教出版の3年生の教材文である「もっと調べたかったから」の板書になります。内容項目は「節度，節制」です。内容は，登場人物が社会科の校区探検でたりなかった部分をもっと調べていたのですが，気づくと遅い時間になっており家族や先生に迷惑をかけてしまうお話です。板書を見ると，教材文の内容に沿って登場人物の心情を読みとっていることがわかります。ところで，この板書の授業では，「節度」と「節制」のどちらに重きを置い

ていたのでしょうか。板書後半の「日じょう生活で気をつけたいこと」の記述を見るとあまり「節度」「節制」の意識をしていない，すなわち「内容項目」について深く考えていなかったことが読みとれます。

そこで，「節制：自分の置かれた状況について思慮深く考える」をものさしとして教材文を見てみましょう。そうすると，「もっと調べたかったから」の題名すら意図的であることがわかります。「もっと遊びたかったから」でしたら，「やりたいことではなく，帰宅のルールを守ろう」と「節度」の内容となります。しかし，「もっと調べたかったから」ですから，「学習で遅くなる」という状況において「学習」と「ルール」のどちらを優先させるか思慮深く考える，すなわち「節制」の教材文であることが推測されます。その視点で教材文を読むと，「節制」として学ばせるために表現の工夫や構成が行われていることに気づくことができます。

このように「内容項目」をものさしとすることで，道徳ならではの教材分析をすることにつながります。

⭐ 中心発問で自分の経験をもとに多面的・多角的に考えさせる

頂上である「内容項目」がわかり，山にあたる教材文の特徴も把握しました。次にすることは，クラスの子どもの実態に合わせて登山のための道，すなわち授業展開を計画します。頂上に行くための道は幾通りもありますが，子どもの実態を考慮すると限定できます。

授業展開を計画するうえで，一番大事になるのが中心発問を考えることです。授業の中心となる発問であり，子どもたちに自分の経験をもとに多面的・多角的に考えさせる学習活動につながります。この中心発問の善し悪しが，教師の意図を汲んで当たり障りのないことを言う授業になるのか，一人一人の本音をもとにそれまでになかった価値についての考えを深める授業になるのかにつながります。

例えば，先ほどの教材文である「もっと調べたかったから」の場合，「学習で遅くなるのは悪いことになるのか？」が中心発問になります。遊びで遅くなるのは駄目なことというのは子どもでもわかります。しかし，「学習のために」という理由の場合はどうなのでしょうか。「その場合は……」と子どもが即答できなかったり，それまでの子どもの経験で意見が変わったりする発問をするからこそ自分の置かれた状況について思慮深く考えること，すなわち内容項目である「節制」について深く考えることができます。

そして，中心発問につながるように補助発問も考えると，授業展開が具体的になります。

【参考文献】
● 文部科学省「小学校学習指導要領（平成29年告示）解説　特別の教科　道徳編」
● 『小学どうとく生きる力3』日本文教出版

第3章　小学3年の学級づくり＆授業づくり　12か月の仕事術　201

外国語活動

学習の要所と指導スキル

中嶋　来未

⭐ 学習内容例

月	学習内容例
4月	● 「Hello」挨拶をして友達になろう ● 世界には，様々な言語があることを知ろう
5月	● 「How are you?」 ● 表情やジャスチャーをつけて挨拶をしよう
6月	● 「How many?」 ● 1〜20までの数の言い方や，数の尋ね方に慣れ親しもう
7月	● 「I like 〜」 ● 自分の好きな物について，尋ねたり答えたりしよう
9月	● 「What do you like?」 ● 何が好きか尋ねたり答えたりして伝え合おう
10月	● ALPHABET ● 文字の読み方に慣れ親しもう
11月	● 「This is for you」 ● ほしい物を尋ねたり答えたりする表現に慣れ親しもう
12月	● ほしい物を紹介しよう ● 作成したカードを見せて紹介しよう
1月	● 「What's this?」 ● 身の回りの物に関するクイズを作ろう
2月	● 身の回りの物の言い方や，ある物が何かを尋ねたり答えたりする表現に慣れ親しもう
3月	● 「Who are you?」 ● 身の回りの物に関する語句や，それを表すイラストを結びつけよう

⭐ 身につけたい力

　令和2年（2020年）度から新学習指導要領が全面実施され，3・4年生では「外国語活動」，5・6年生では「外国語」として通知表にも評価がつくようになりました。学習指導要領において示された外国語活動の目標は，「外国語によるコミュニケーションにおける見方・考え方を働かせ，外国語による**聞くこと，話すことの言語活動を通して，コミュニケーションを図る素地となる資質・能力**を育成すること」です。また，外国語活動では**「聞くこと」「話すこと（やりとり）」「話すこと（発表）」**の3領域の目標が示されました。5・6年生になると，この3領域に「読むこと」「書くこと」が加わり5領域になります。アルファベットの学習は，3年生で大文字，4年生で小文字を習います。

⭐ 授業のスタート！挨拶は様々なやり方で工夫しましょう

　"Hello! How are you?" "I'm～." と三人と挨拶をしたら座ります。教室を動き回って，いろいろな子と挨拶します。ジェスチャーもつけて質問し，答えます。他にも，ペアで取り組んだり，列ごとに答えたり，班で聞き合ったりする方法があります。

⭐ 質問とリアクションはいつもセット

　いつでも「質問とリアクションはセットだよ」と教えます。例えば，"Do you like sushi?" と聞いて "Yes, I do." と返ってきたら "Wow! Me, too." というようにリアクションまで忘れずに指導します。リアクション一覧を教室に掲示しておくと便利です。

⭐ 授業で大切にしたい四つのこと

①「smile」，②「big voice」，③「eye contact」，④「listen」イラストつきでわかりやすく。

⭐ 授業前に準備すると便利

❶ ファイルもしくは画用紙

　ワークシートやふり返りカードを綴じるためのものです。Ａ３の画用紙を半分に折り，右にワークシート，左にふり返りカード等と決めて，のりで貼っていくと整理されます。表紙には，学年，氏名を記入します。

❷ 名前カード

　Ａ４の白画用紙を横に四等分に折り，一番上と下の面をのりで貼ると三角柱ができます。下の名前のみ，マジックで大きく書きます。専科の先生やＡＬＴの先生にとって重要です。授業前に子どもたちが配り，授業後は箱などで保管します。

⭐ 必ず盛り上がる，ビンゴゲーム

　色，アルファベット，数字などの既習事項のリスニング活動に使えます。
①１から10までの数字を二分間でどこかのマスに書きます。
②ランダムに数字を読み上げて，黒板に書いていきます。
③ビンゴになったら「bingo!」と元気に言って前に来ます。
④シールをもらって，続きに参加します。

⭐ 大興奮！「missing game」

　単語の学習の後に使えます。
①黒板にフラッシュカードを貼っておきます。
②「Close your eyes.」と言って目を閉じさせ，その間に数枚カードを外します。「Open your eyes. What's missing?」と言って，何のカードがなくなっているかを当てます。
③二回目は，子どもにカードを外してもらったり，残っているカードを並び替えたりすると，盛り上がります。

⭐ 【褒め言葉10】 ※短く一言でオッケー！

① Good job!　　⑤ Wonderful!　　⑨ Good Work!
② Excellent!　　⑥ Fantastic!　　⑩ That's great!
③ Perfect!　　　⑦ Well done!
④ Great!　　　　⑧ That's right!

※間違えたときは "Nise try!" "Close!" "Almost!" 等とがんばりを褒めます。

⭐ 最後に英語の歌を歌ってみよう♪

　授業の最後に歌う曲は，二週間ごと，1か月ごと等と，子どもたちに飽きがこないように変えていきます。一番だけを流します。完璧に歌えることは目指さず，1フレーズだけでもOK！声に出して，楽しい雰囲気で歌うことを目指します。YouTubeで「Super Simple Songs」「Cocomelon」「ネイティブ英語発音ツール Nipponglish」と調べるとたくさん出てきます。

簡単（1学期～2学期前半におすすめ）	レベルアップ（2学期後半～3学期）
「BINGO」 「Head, Shoulders, Knees, And Toes」 「Rain Rain Go Away」 「Twinkle Twinkle Little Star」 「The Wheels on the bus」 「Baby Shark」 「If You're Happy and You Know It」 「Row Row Row Your Boat」 「Hello, Goodbye」	「It's a Small World」 「Country Roads」 「A Whole New World」 「This is Me」 「Let It Go」 「Top Of The World」 「Last Christmas」 「Shake It Off」 「All I Want For Christmas Is You」

〈おすすめの英語の歌〉　「楽しいリズム」「動きを入れやすい」「リピートが多い」がポイント。
〈進め方〉　一回目は，曲と一緒に教師も前で笑顔で歌います。二回目は，「歌えるところだけでいいので，一緒に歌ってみましょう！　隣の子よりも大きな声で歌えるかな」など，歌いやすい雰囲気をつくり，ゆっくりめ（0.75倍）のスピードでスタートし，「Wow」「Very good」などと褒めながら続けます。また，ロイロノート（LoiLo Inc.）で曲を送ったり，朝や帰り準備のときにも流したりすると，すぐに歌えるようになります。歌をきっかけに英語が好きになったり，自信がついたりします。ぜひ，歌をクラスや授業で活用してみてください。

⭐ 便利グッズ（Amazonや100円ショップで購入）

①ベル
盛り上がると，指示が通らなくなります。「3回鳴ったら静かにする」等のルールのもと，活用しましょう。

③ピンポンブー
子どもたちに大人気。前で発表したくなる子どもも。楽しい雰囲気づくりにもってこいのアイテムです。

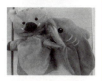

②パペット
small talkでよく使います。声を変えて行うと，ALTの先生が不在のときでも一人二役ができます。

④カチンコ
子どもがお手本をするときなどに使います。「3, 2, 1 action!」の掛け声を加えると，どんな子どもも気分はテレビマンに！

【参考文献】　●文部科学省「小学校外国語活動・外国語研修ガイドブック」

【執筆者紹介】 ＊執筆順

多賀　一郎	教育アドバイザー
日野　英之	箕面市教育委員会
樋口万太郎	中部大学
樋口　綾香	大阪府池田市立神田小学校
川上　康則	東京都杉並区済美養護学校
垣内　幸太	大阪府箕面市立箕面小学校
竹澤　健人	アサンプション国際小学校
井上　伸一	大阪府大阪市立鶴見南小学校
小林　秀訓	大阪教育大学附属天王寺小学校
仲井　勝巳	京都女子大学
土師　尚美	大阪府池田市立秦野小学校
松井　典夫	奈良学園大学
西岡　　毅	大阪府大阪市立西天満小学校
栫井　大輔	大谷大学
中嶋　来未	ジャカルタ日本人学校チカラン校
福水　雄規	兵庫県洲本市立洲本第三小学校
印藤　秀康	大阪府箕面市立彩都の丘学園
奈良　真行	大阪教育大学附属池田小学校

【編者紹介】

日野　英之（ひの　ひでゆき）

1982年愛媛県生まれ。信州大学教育学部を卒業後，大阪府公立小学校で12年間勤務し，平成30年から箕面市教育委員会指導主事。

「箕面教師力向上学習会」代表を務める傍ら，「関西体育授業研究会」「授業力＆学級づくり研究会」「ただただおもしろい授業を追求する会」などにも所属。

単著に『5分でクラスの雰囲気づくり！　ただただおもしろい休み時間ゲーム48手』『心身リラックスでコミュ力アップ！ただただおもしろい外国語活動48手』（いずれも明治図書），『その仕事，する？しない？教師の仕事をスリム化する3つの原理』（学事出版），共著に『「あそび＋学び＋安全」で，楽しく深く学べる体育アクティビティ200』（フォーラムＡ企画）がある。

【著者紹介】

チーム・ロケットスタート

学級開き・授業開きや学級づくり・授業づくりに悩むすべての先生を救うため，その道のスペシャリストが集結し，それぞれの英知を伝承すべく組織されたプロジェクトチーム。

〔協力〕多賀一郎

ロケットスタートシリーズ
小学3年の学級づくり＆授業づくり　12か月の仕事術

2025年3月初版第1刷刊　Ⓒ編　者　日　野　英　之
　　　　　　　　　　　　　著　者　チーム・ロケットスタート
　　　　　　　　　　　　　発行者　藤　原　光　政
　　　　　　　　　　　　　発行所　明治図書出版株式会社
　　　　　　　　　　　　　　　　　http://www.meijitosho.co.jp
　　　　　　　　　（企画）木村　悠　（校正）nojico
　　　　　　　　　〒114-0023　東京都北区滝野川7-46-1
　　　　　　　　　振替00160-5-151318　電話03（5907）6703
　　　　　　　　　ご注文窓口　　電話03（5907）6668

＊検印省略　　　　組版所　長野印刷商工株式会社

本書の無断コピーは，著作権・出版権にふれます。ご注意ください。

Printed in Japan　　　　　　　　ISBN978-4-18-500332-2

もれなくクーポンがもらえる！読者アンケートはこちらから
→

ロケットスタートシリーズ★

このシリーズで、小学担任の6年間をフルサポート！

全面改訂

学級づくり&授業づくり
12か月の仕事術

※カッコ内4桁数字は図書番号

小学1年（5001）	安藤浩太・土居正博 編	小学4年（5004）	垣内幸太 編
小学2年（5002）	松下 崇 編	小学5年（5005）	松尾英明 編
小学3年（5003）	日野英之 編	小学6年（5006）	鈴木優太 編

チーム・ロケットスタート著／多賀一郎協力　各巻212頁　B5判　3,080円（10%税込）

★姉妹シリーズも好評発売中★

小学1〜6年の
絶対成功する
授業技術シリーズ
全6巻
各巻 A5判 144頁
2,200円（10%税込）
（4771〜4776）

学級づくり&
授業づくり
スキルシリーズ
全6巻
各巻 A5判 144頁
1,980円（10%税込）
（4721〜4726）

明治図書

予約・注文はこちらから！明治図書ONLINE→